남도 항일독립운동가의
기억을 걷다

남도 항일독립운동가의 기억을 걷다

의롭고 당당한 자주독립의 불꽃이여, 영원하라!

초판 1쇄 인쇄 2025년 8월 8일
초판 1쇄 발행 2025년 8월 15일

지은이 김남철
펴낸이 김승희
펴낸곳 도서출판 살림터

기획 정광일
편집 송승호·조현주·이희연
디자인 유나의숲

인쇄·제본 (주)신화프린팅
종이 (주)명동지류

주소 서울 양천구 목동동로 293, 2215-1호
전화 02-3141-6553
팩스 02-3141-6555

출판등록 2008년 3월 18일 제313-1990-12호
이메일 gwang80@hanmail.net
블로그 http://blog.naver.com/dkffk1020
한국교육연구네트워크 https://www.kednetwork.or.kr

ISBN 979-11-5930-327-2(03910)

의롭고 당당한 자주독립의 불꽃이여, 영원하라!

남도
항일독립운동가의
기억을
걷다

김남철 지음

살림터

타오르는 자주독립의 불꽃,
항일독립운동가들이여

그날의 분노와 그날의 함성
꽃같이 쓰러진
그날의 더운 피와 눈물로
아아, 타오르는 그날의 불꽃으로
이제야 여기 지엄한 당신의 이름을 씁니다.
_운인 송홍 선생 비문

올해는 광복 80주년이다. 일제강점기의 혹독한 식민 지배에서 벗어나 광복을 되찾고, 어둠에서 벗어나 자주독립의 세상이 된 지 어느새 80년이 되었다. 그럼에도 마냥 즐거울 수 없는 것은 남북한 분단과 갈등 상황이 계속되고 있기 때문이다. 그러는 사이 남북은 극단적인 대립과 상호 불신의 깊은 골에 빠져 있다. 갈수록 통일에 대한 인식과 필요성이 줄어들고, 이제는 관심조차 희미해지는 실정이다.

그런데 갑자기 계엄과 내란 정국으로 우리 사회는 불안과 혼란에 빠져들었다. 기억하고 싶지 않은 12·3 비상계엄은 민주주의를 송두리째 무너뜨리고 시민들에게 충격을 주었다. 민주주의가 진전되고 공정과 상식이 정착된 사회로 착각했던 우리는 극도의 불안정한 정국을 보내야 했다. 다행히 깨어있는 시민들의 자발적인 참여와 저항으로 계엄 세력을 몰아내고 새로운 나라, 새로운 시대에 들어섰다. 얼마나 다행인가.

다시, 자주독립의 불꽃 항일독립운동가를 기억한다.

그 어려운 식민 지배 아래서 죽음을 마다하지 않고 오직 자주독립을 위해 투쟁했던 독립운동가들의 삶과 생애 그리고 활동을 알게 되면 저절로 고개가 숙여진다. 풍찬노숙, 배고픔과 언제 죽을지 모르는 극한 상황에서도 목숨을 아깝게 생각하지 않고 저항하며 투쟁했던 항일독립운동가들을 우리는 얼마나 알고 있을까.

역사를 배우고 가르치는 일을 평생 해오는 과정에서 제대로 된 역사교육을 해 왔을까 늘 자문하고 성찰해 왔다. 모름지기 역사교육은 지난날의 아픔과 잘못을 직시하고, 역사적 사건의 배경과 결과 등이 오늘날 어떤 의미와 영향을 미치는지 살피는 것이다. 즉 올바른 역사의식과 시대정신을 함양하고 실천적 노력을 다할 수 있도록 역사를 배우는 것이다. 실제 현장에서 역사교육은 재미없고 지루하고 암기 위주로 진행되고 있다고 비판받아 왔다. 그 지적은 어느 정도 사실이고, 반드시 극복해야 할 문제다.

언제나 시대 탓하고 상황 탓하고 있을 때는 아니라는 생각이 들었다. 그래서 우선 남도 지역에 산재해 있는 의병들을 불러내는 것이 중요하다고 생각했다. 시간 나는 대로 남도의병들의 흔적을 찾아 정리하여 지역신문에 연재하게 되었다. 그 결과로『남도 임진의병의 기억을 걷다』(2022), 『남도 한말의병의 기억을 걷다』(2023)를 출간하게 되었다. 의롭고 당당하게 이름 없이 살아간 남도의병들을 소환한 것이다. 고맙게도 많은 독자의 사랑을 받았다. 남도 곳곳에 남도의병들이 있다는 것을 알았고, 그들의 활동과 업적을 알고 감동했다는 소감을 전해 들었다. 남도의병을 알리게 된 보람과 자부심이 가득했다. 정말 의미 있는 일을 해냈다는 생각에 그동안의 고생을 보상받는 듯했다. 『남도 한말의병의 기억을 걷다』는 2024년도 세종도서 우수도서로 선정되는 영광을 안게 되었다. 남도 한말의병들이 시공을 초월하여 뚜벅뚜벅 걸어 나와서 우리에게 겨레의 불꽃다운 참모습을 보여준 덕이다.

남도 임진의병장과 한말의병장들의 개인 행적을 들여다보면, 삶 자체가 구국충혼과 절의를 갖춘 것임을 확인할 수 있다. '왜 이제야 아는가'라는 말에 깊이 공감하면서, 미처 알려지지 않은 의병들을 앞으로도 꾸준히 발굴하여 세상에 알려야겠다고 다짐했다. 다행히 선행 연구가 있어 많은 도움을 받았다.

남도의 항일독립운동은 의병운동, 동학농민혁명 등의 활동과 정신이 면면히 흐르고 있어 그 영향을 받았다. 임진전쟁부터 일제강점기 전반에 걸쳐 지방 민중의 자발적 저항, 의병운동, 동학농민혁명, 무장투쟁, 학생과 종교 중심의 조직적 운동, 그리고 국외 독립운동의 연계로 이어지는 일련의 과정에서 설명할 수 있다.

전라도는 동학의 중심지로, 사회 불평등과 외세 침탈에 저항한 민중 봉기가 시작된 동학농민혁명의 진원지였다. 그리고 을사늑약(1905), 정미조약(1907) 등으로 일제의 내정 간섭과 군대 해산이 이루어지자 전라도 지역에서는 무장 의병운동이 격화되었다.

1910년 한일병합조약 이후 무장투쟁이 어려워지면서 항일운동은 비폭력 민족운동과 계몽운동으로 발전했다. 1919년 3·1운동은 전국적으로 확산했고, 광주·목포·나주·장흥·보성·여수 등 전남 지역에서 만세 시위운동으로 확대되었으며, 남도인들은 적극적으로 참여했다.

이후 일제가 문화통치 정책을 펼치며 겉으로는 온건한 통치를 시도하나, 실질적 탄압이 계속되자 교육과 언론, 학생운동이 항일의 중심으로 떠올랐다. 1929년 광주학생항일운동은 나주역에서 일본인 학생의 조선인 여학생 희롱 사건으로 촉발하여 전국 학생운동으로 확대된 것이다.

만주사변(1931)과 중일전쟁(1937) 이후 일제는 더욱 잔인한 민족말살 정책을 실시했다. 이에 따라 국내에서는 지하조직이, 국외에서는 무장 독립군과 임시정부 활동이 강화되었는데, 남도 출신들은 주도적인 역할을 했다.

남도는 민중 중심의 자발적 항쟁이 뿌리 깊은 지역으로, 항일정신이 지역 정체성으로 자리하게 되었다. 농민, 학생, 종교인, 지식인 등 다양한 계층이 각자 방식으로 참여한 항일운동의 본보기를 보여주었다. 국내 의병운동과 만세운동에서 국외의 무장 독립군, 임정 활동으로 항일운동 양식의 발전에 기여했다.

이처럼 남도의 항일독립운동가들은 지역을 넘어 전국적인 민족운동의 주역이었으며, 그들의 투쟁은 오늘날 대한민국의 자긍심이자 정체성의 일부로 자리 잡았다. 이들의 헌신은 민족 자존의 역사적 증거이며, 미래 세대가 기억하고 계승해야 할 소중한 유산이다.

끝으로 한 권의 책이 출간되기까지 많은 분의 협조가 있었기에 가능했다. 전문가들의 선행 연구는 다양한 사료와 근거를 제공했다. 특히 박해현 교수는 남도 항일운동가들의 판결문과 지역 사례를 구체적으로 조사하여 책으로 출간했고, 지역 신문에 연재했다. 남도의 무명 항일독립운동가를 알릴 수 있도록 자신감을 심어주었다.

관련 자료를 연재할 수 있는 지면을 할애하고 잘 편집하여 독자들에게 세심하게 알려준 전남도청 〈새뜸〉 관계자들에게 고마움을 전한다. 부족한 자료를 멋지게 엮어 준 살림터 편집 관계자들, 그리고 추천사와 추천을 해 주신 윤세병, 박동기, 김철민, 노성태, 이돈삼, 신봉석 선생님께 감사드린다.

답사와 현장 체험에 동행해 준 동료들의 애정 어린 비판은 큰 힘이 되었다. 전공이 아님에도 원고를 끝까지 읽고 오류를 잡아준 가족의 도움은 참으로 든든했다.

그동안 알려지지 않은 항일독립운동가들이 새롭게 등장한다. 자료의 한계로 활동과 행적의 소개가 소략하거나 근거 부족으로 제대로 설명하지 못하여 미진한 곳도 있다.

무엇보다 독립유공자 서훈이 많이 누락되어 안타깝다. 시급하게 서훈이 이루어질 수 있도록 지혜를 모아야 할 때다.

앞으로 계속 보완해 갈 것을 약속드린다. 독자 여러분의 많은 질정을 바란다.

2025. 8. 15.
광복 80주년을 맞이하며
소나무향기 김남철

남도의 항일 투쟁?
알아서 뭐해요 ?

윤세병(공주대 교양학부 교수)

세상이 많이 바뀌었다고 하지만 아직도 학교에서 배우는 역사 교과서를 성전처럼 떠받드는 사람들이 있다. 그리고 교과서에 나온 사실은 중요하고, 실리지 않은 이야기들은 크게 관심을 갖지 않는 경우도 있다. 워낙 많은 사실이 교과서에 들어 있어 교과서 공부하기도 버거운데 새로운 사실을 굳이 더 공부해야겠냐는 푸념, 시험에 나오지도 않을 건데 불필요하게 왜 공부해야 하냐는 생각도 있을 법하다. 중앙인 서울이 아니라 지역의 역사나 인물이면 거부 정서가 더 강할 수 있다.

그런데 역사는 한 나라 안에서도 설정 범위에 따라 다양한 방식으로 존재한다. 쉽게 생각할 수 있는 것으로 지역사도 있고 가족사도 있지만, 사람들이 귀하게 여기지 않는다. 우리 가족 이야기나 내가 살아가는 지역의 역사가 어찌 보면 더 중요할 수도 있다. 주변 사람들의 진솔한 목소리가 담겨 있기 때문이다. '중앙'에 사로잡혔던 시선을 내 삶의 주변으로 돌릴 때 비로소 보인다. 그리고 그것을 성실히 기록하고 사회적 기억으로 남기려는 사람들의 모습도 시야에 들어올 것이다.

김남철 선생님은 정말 부지런한 사람이다. 천상 역사 선생이다! 여기저기 흩어져 있는, 어쩌면 존재감이 약해 보이는 지역의 역사를 모아서 어딘가에 붙들어 매려고 분투한다. 예전에는 남도 의병들을 데리고 오더니 이번에는 식민지 시대를 뜨겁게 살아갔던 이들을 불러냈다.

식민지 시대의 억압과 지배에 맞서 싸운 점에서는 동일하지만, 활동 방식이나 생각들은 서로 차이가 있다. 각자 처지가 다르고 생각이 달랐지만, 불의에 맞서 싸웠다는 점에서는 매한가지라고 표현하는 게 더 적절할 것이다.

바로 이 대목에서 지역사의 역동성과, 이곳 남도가 또 하나의 중앙임을 잘 보여준다. 멀리 갈 게 아니라 꼼꼼하게 주변 역사를 잘 챙기려는 모습이 김남철 선생님의 글에 잘 나타나 있다.

인간은 살아가면서 어느 중요한 순간을 맞이하면 과거 어느 장면을 떠올린다고 한다. 2024년 12월 3일 불법 계엄이 선포되던 날, 많은 이들은 1980년 광주를 떠올렸다. 그리고 민주주의를 지켜야 한다는 일념으로 여러 사람이 국회가 있는 여의도로 몰려들었고, 결국 이들이 계엄을 막아냈다.

인간은 끊임없이 역사에 기대어 살아가는 존재다. 특히 위기나 선택의 순간 과거의 어떤 사건이나 인물을 떠올린다. 반복해선 안 되며 경계해야 할 일들도 있고, 불의에 맞서 정의를 실현하고자 했던 본보기들도 있다. 김남철 선생님이 다루는 이야기들은 후자의 경우에 해당할 것이다. 12월 3일 계엄 당일 국회로 간 이들은 광주의 계엄군도 생각했겠지만, 항쟁 마지막까지 도청을 사수한 이들의 용기도 함께 떠올렸을 것이다. 역사가 주는 힘이다.

여기 실려 있는 여러 사람의 이야기가 현실을 살아가는 이들에게도 힘을 주면 좋겠다. 우리의 민주주의도 이들이 남긴 유산이라고 믿는다. 그래서 이런 작업이 한국 역사라는 거대한 모자이크의 일부라고 평가절하하지 않았으면 한다.

　지역 역사를 기억의 공간으로 길어 올리는 김남철 선생님의 노력에 경의를 표한다.

역사는 과거에 머무르지 않고
현재에 살아 움직인다

박동기(남녘현대사연구소장)

1894년 일본군이 경복궁을 점령한 갑오변란과 1895년 명성황후 시해사건을 계기로 동학군과 의병은 전국적으로 봉기하여 전국 각지에서 일본군과 전투를 벌였다.

당시 의병이나 동학농민군의 항일은 국권 침탈에서 나라를 지키는 독립운동 선행(先行)의 구국운동이었다.

의병투쟁 이후 3·1운동 이전에는 외교론이 독립운동의 주된 흐름이었으나 파리강화회의 독립청원이 무산되고 그 관련으로 일어난 3·1운동, 그 후 사회주의 독립운동이 급속히 불길처럼 일어났다. 이른바 혁명론이다. 봉오동전투, 청산리전투의 승리가 그것이다.

독립운동의 큰 방략은 국외에 독립군 기지를 건설하고 민족의 군대인 독립군을 양성하여 일제와 전쟁을 벌인다는 것이 핵심이다. 일본 제국주의가 팽창정책을 추진하여 만주국을 건설하고 중일전쟁을 일으키는 등, 중국·소련·미국과 전쟁을 일으킬 때 맞서기 위한 것이다. 그래서 1920년대 중반 국외에서는 민족유일당운동을 전개했고, 국내에서도 그에 조응하여 좌우합작 신간회 운동을 전개한 것이다.

1930년대, 일제는 만주를 손아귀에 넣고 중일전쟁을 일으킨다. 내선일체를 주창하며 조선어 사용 금지, 창씨개명 등 황민화 정책에 의한 민족말살정책을 편다.

1941년 태평양전쟁 이후에는 징병, 징용이 강제되고 일본군 성노예와 근로정신대 강제 동원이 자행되었으며, 조선의 아들들을 성전에 보내라는 유명 문사들의 독려 등 친일파가 득세한 세상에서 조선 민중은 피눈물을 흘리고 있었다.

일제의 패망에 해외 독립운동가와 동포들은 새 조국 건설의 희망을 품고 속속 조국의 품에 안겼으나 얼마 후 9월, 서울에는 성조기가 바람에 휘날리고 있었다.

이처럼 암흑의 민족 수난기에 민족해방을 위해 간난신고의 세월을 보낸 항일독립운동가들을 소개하는 『남도 항일독립운동가의 길을 걷다』라는 책이 나온다는 소식이 들려 왔다.

김남철 선생이 바로 얼마 전 『남도 임진의병의 길을 걷다』와 『남도 한말의병의 길을 걷다』를 출간했다. 그 후 이번에는 항일독립운동가의 길을 걷다니! 그는 걷는 힘이 남다른 데가 있다는 생각이 든다. 그는 늘 어딘가에 꾸준히 간다. 민족, 민중을 위한 길이라면 불원천리(不遠千里) 걸어가고야 만다. 작금의 역사왜곡 세력인 뉴라이트 계열과 날뛰고 있는 친일 바이러스 세력에게 경종을 울리고 있어 후련하다.

김남철 선생과는 오랜 인연이 있다. 1985년 전남대학교 총학생회 오병윤 총학생회장과 집행부 섭외부장을 맡고 있었는데, 나는 총학 특별기구인 인권복지위원회에서 활동했다. 그와는 40년 동지이며 신뢰하는 선후배 사이로 인연을 이어오고 있다.

그는 성실하고 신념이 뚜렷하며 시대정신을 구현해 가려는 목표가 명확한 사람이다. 이번에도 어김없이 현장을 발로 뛰어, 잊혀 간 독립운동가들을 발굴하고 특히 사회주의 계열 독립운동가들을 여럿 소개했다.

사회주의 계열 독립운동가들은 아무리 고초를 당했어도 국가로부터 거의 서훈을 인정받지 못했다. 광주학생독립운동 주역 장재성 선생은 국가보안법으로 7년을 선고받고 광주형무소에서 복역 중 재판도 거치지 않고 총살당하기까지 했다.

노무현 정부에서 사회주의 계열 독립운동가들이 일부 서훈을 받기는 했으나 분단 체제 때문에 많은 경우 제외되었고, 그것도 북한 정권에 관여하지 않은 경우에만 한 등급 낮춰 서훈했다. 분단 체제에서 이승만 정권이 친일파와 결합한 정부였기 때문에 그랬다. 친일파들은 1948년 8월 15일을 건국일로 생각한다. 아무리 일제강점기에 독립운동을 했어도 해방 후 정치적 행적을 살핀다. 그래야 자신들이 반공 애국자가 되어 기득권이 유지되고 독립운동가에 대한 열등감도 사라지기 때문이다.

건국훈장은 독립운동을 하다가 수형되었거나 활동 기간에 따라 1~3급, 애국장(4급), 애족장(5급), 건국포장, 대통령 표창 등 7종으로 구분되어 있다. 이와 관계없이 독립장을 새로 만드는 등, 서훈법을 개정해야 한다.

"서훈 판단 시점을 1945년 8월 15일에 두고, 그때 독립운동을 하고 있었다면 그전에 그의 사상이 어떠하든, 또 해방 뒤 정치적 행적이 무엇이든, 그 사람은 독립운동자로 판단해야 된다."(이만열 칼럼: 독립유공자 서훈과 분단 체제, 한겨레신문, 2019.5.30.) 이것이 합당하고 합리적이다.

사회주의 계열 독립운동가들은 임시정부 성립 후 미 군정기까지 자주독립국가 건설을 목표로 쉼 없이 투쟁해 왔기에 미 군정 하 포고령 위반 등의 혐의로 처벌된 사례가 많고, 심지어 북행으로 행적불명 등 분단 체제가 서훈을 가로막는 원인이 된 것이다.

　　광주학생독립운동 참여자는 전국적으로 5만 4천여 명인데 발상지 광주고보(현 광주일고)의 서훈자는 61명에 불과하다. 한국독립운동사에서 사회주의자들을 배제하거나 그 역사를 축소하는 것은 진실에 부합되지 않기에 하루빨리 독립운동사에 포함하고 그 역사적 기여만큼 온당한 대접을 받아야 한다.

　　그런 의미에서 남도 사회주의 독립운동가들의 행적을 발굴 복원하고 가감 없이 기록한 김남철 선생에게 존경과 큰 박수를 보낸다.

　　역사는 과거에 머무르지 않고 현재에 살아 움직인다.

기억을 거슬러
역사의 현장을 만나다

김철민(역사교사, 전남독도교육실천연구회장)

역사는 모두 기억에 의존한다. 당대에 살았던 사람들의 기억에 의한 기록과 진술을 바탕으로 과거의 기억을 거슬러 그들의 이야기를 풀어내는 것이 역사다.

하지만 언제, 무엇을, 어떻게 풀어내느냐에 따라 기억은 우리에게 기쁨, 희망, 치욕, 슬픔, 분노, 고통, 자긍심 등의 다양한 모습을 통해 그 모습을 드러내기도 한다.

1910년 8월 29일, 그날은 우리에게 '국치(國恥)'로 기억된다. 나라를 빼앗기고 36년이라는 긴 기간 동안 '고통'스러운 시간을 보냈고, 그것은 '분노'라는 기억으로 현재에 이어지고 있다.

1945년 8월 15일, 이날은 우리에게 '광복(光復)'으로 기억된다. 어둡고 긴 터널을 지나 밝은 빛을 맞이하며 기쁨과 동시에 희망이라는 새로운 기억이 탄생했다.

2024년 12월 3일, 그날은 우리에게 '치욕'과 '슬픔'으로 기억된다. 수많은 민주주의 투사들의 노력이 한순간 물거품으로 바뀌는 슬픔을 느끼게 했으며, 대한민국 민주주의 역사의 치욕으로 기억되는 순간이었다.

2025년 8월 15일, 새로운 대한민국을 맞이하면서 우리는 이 땅을 지켜낸 '자긍심'으로 불타오를 것이다. 80년간의 새로운 빛을 미래 세대에게 잊을 수 없는 기억으로 안겨야 한다.

　　기억은 현재를 비추는 거울이다. 기억을 통해 우리는 거울에 비친 자신의 모습을 보고 미래를 준비하는 발판이 되기도 한다.

　　그동안 기억의 역사를 추적한 김남철 선생님의 '남도의 기억' 시리즈 3번째 책『남도 항일독립운동가의 기억을 걷다』출간은 역사가들이 하지 못했던 지역의 역사를 다시금 기억하게 한다는 점에서 고무적인 일이다. 특히 문헌에만 의존하지 않고 역사의 현장에서 기록으로 남지 않은 과거의 기억을 발굴해 낸다는 것은 참으로 대단한 일이다. 뜨거운 남도에서 드넓은 만주벌판까지, 민족의 영산 백두에서 한라까지 대한민국 곳곳에 스민 역사의 기억을 찾아다니며 모든 역사의 기록을 찾아 나섰다.

　　김남철 선생님은 남도인임을 늘 자랑스럽게 생각하면서 자긍심을 잃지 않고 역사 속에서 제일 컸지만 기록에서 제일 작았던 '남도 역사 전령사'로 활동하고 있다.

　　『남도 임진의병의 기억을 걷다』,『남도 한말의병의 기억을 걷다』에 이은『남도 항일독립운동가의 기억을 걷다』는 1910년부터 1945년에 이르는 일제강점기에 독립을 위해 자신의 목숨을 아랑곳하지 않고 앞장선 60명의 남도 독립운동가에 관한 기록이다. 독립운동가라는 호칭이 붙었을 때 우리는 김구, 안중근, 윤봉길, 이봉창, 안창호, 유관순 등 대중적으로 알려진 인물들을 기억하게 마련이다. 독립을 위한 그들의 활동은 매우 크고, 상상할 수 없는 수많은 고통의 순간을 이겨낸

점은 위대하다.

이 글을 읽는 분들께 되묻고 싶다. 송홍, 김철, 김준연, 송내호를 아는가? 물론 해당 인물이 태어났거나 활동한 지역 분들은 잘 알 수도 있지만, 대다수 사람은 알 수 없을 것이다. 자주독립을 위해 활동한 인물들은 수천, 수만 명에 이르며, 우리가 그들을 모두 알 수는 없지만 독립을 위한 그들의 활동과 목소리는 한 번쯤 귀 기울여 들을 필요가 있다.

세상을 움직이는 커다란 기계가 있다고 가정해 보자. 기계를 움직이는 것은 겉으로 보이는 큰 톱니바퀴지만, 그 속에 수많은 작은 톱니바퀴가 없다면 그 기계는 곧바로 멈추고 세상은 다시 암흑 속으로 빠져들 것이다. 이와 같은 것이다. 독립운동을 위한 활동은 크고 작음을 나눌 수 없다. 당대 대부분 사람이 그 시절에 순응하며 살았지만, 위험을 무릅쓰고 독립을 위해 목숨 바친 사람들을 기억하는 것이 현시대를 살아가는 사람들의 의무다. 우리가 살아가는 세상은 작은 톱니바퀴들이 없다면 존재하지 못했을 것이기 때문이다.

"친일은 3대가 흥하고 독립운동은 3대가 멸한다"라는 말을 공공연히 하는 경우가 있다. 일제강점기에 살았다면 우리는 3대가 멸할 수도 있는 일을 할 수 있었을까? 대부분의 사람은 그러지 못했을 것이다.

이런 의미에서 '가장 거대했지만 가장 적은 기록을 남긴' 남도의 독립운동가들을 기록한 이 책은 고무적이며 위대한 저작이다. 특히 이 책은 교육자로서 활동한 독립운동가들, 학생이라는 사회적 신분의 한계를 넘어선 학생 독립운동가들, 낙후된 농촌의 계몽을 위해 앞장선 독립운동가들을 비롯하여, 독립운동사에서 비교적 잘 다루지 않는 인물의 행적과 자취를 바탕으로 했다는 점에서 독립운동사의 새로운 지평을 여는 시초가 된다.

또한 우리가 스쳐 지나갈 수 있는 그들의 남겨진 흔적들을 추적하여 책에 수록했다는 점에서 '발로 뛰는 역사'의 큰 모습을 그려내고 있다. 현시대를 살아가는 교육자와 학생들은 반드시 이 책을 읽고 삶의 자취와 지표를 되새기는 기회가 되어야 한다.

이 책에 기록되지 못한 남도의 많은 독립운동가가 있다. 국가보훈부에 등재된 남도의 공훈자는 1326여 명이 있다. 공훈의 크고 작음이 있지만, 그것은 남겨진 기록에 의해 후대 사람들이 파악한 것이다. 기록을 남길 수 없을 정도로 어려운 상황에 있었던 수많은 독립운동가가 아직 많을 것이다.

저자와 같이 잊혀진 독립운동가 발굴을 위해 후대 역사가들은 더 많이, 더 멀리, 더 깊이 연구하고 노력해야 할 것이다. 이 책 출간을 계기로 앞으로 더 많은 독립운동가에 대한 기록이 우리 기억 속에 남겨지기를 기원한다.

목차

1부

나주 장성 함평 영광 영암

2부

담양 곡성 구례 순천 광양 여수

3부

목포 무안 신안 해남 진도

4부

화순 강진 완도 보성 장흥 고흥

5부

광주

6부

보론 : 남도 항일독립운동의 전개와 활동 ··· 257

항일교육의 영원한 스승
송흥

일찍부터 교육을 하며 혁신을 외쳐왔는데   教育吾曾叫革新

오늘 아침 제군들과 이별을 이야기하네   今朝說與諸君別

스물두 해를 한마음으로 보내왔기에   一心二十二年春

강호의 늙은 병자는 부담이 없네   無負江湖老病人

이 시는 광주고보의 유일한 한국인 교사 송흥(宋鴻, 1872~1949) 선생이 1930년 2월 8일 제자들에게 남긴 고별시다. 송흥 선생은 교육혁신의 중요성과 민족교육에 대한 자신의 열정을 부디 잊지 말라는 고별시를 남긴 후 교정을 떠난다.

광주학생독립운동을 주도한 광주고보생들의 배후에는 송흥 선생이 있었다. 그는 학생들의 민족혼을 일깨운 위대한 스승이었다. 광주고보생들의 버팀목이고 울타리였다.

교사 송흥이 가장 고통스러워했던 것은 광주학생독립운동 과정에서 제자들이 일본 경찰에게 처참하게 끌려가는 모습을 지켜보는 일이었다. 당시 그는 일제의 눈엣가시였다. 일본인 교장은 그의 직원회의

송홍

참석을 막았을 뿐만 아니라 감시마저 강화했다. 광주학생독립운동으로 전교생에 가까운 학생들이 퇴학이나 정학을 당하자 그는 장기 결근으로 항거했다. 결과는 일제의 강요에 의한 퇴직이었다.

송홍은 화순군 도암면 운월리 굴개 마을에서 송용진의 둘째 아들로 태어났다. 자는 익중, 호는 운인(雲人)이다. 구한말 큰 유학자 송병선에게 글을 배웠다.

1904년 일제가 주권 침탈의 일환으로 황무지 개척권을 요구하자, 송홍은 다섯 차례에 걸쳐 그 불가함을 상소했다. 이후 그는 망국의 서러움을 참지 못하고 중국으로 건너갔다. 망국의 현실에서 대안을 찾아 나선 것이다. 중국 톈진, 베이징, 상하이 등지를 전전하며 구국의 길을 모색한 그가 찾은 길은 새로운 학문과 문명의 도입이었다. 그가 얻은 결론은 교육제도 개혁을 통해 힘을 기르는 일이었다. 그가 제기한 교육개혁의 핵심은 향교 재단을 기금화하여 향교를 신식 학교로 개편하고, 신교육을 담당할 교육자들을 양성하기 위해 각 도에 사범학교를 설치하며, 소요 경비는 관민이 균등하게 부담한다는 것 등이었다.

송홍은 교육에 헌신하겠다는 결심을 굳히고 광주보통학교(현 광주서석초교)에서 교사 생활을 시작한다. 그는 앞으로의 희망은 오직 교육에 있다고 생각했다. 그는 날마다 학생들에게 역대의 흥망성쇠를 강의했다. 그 후 광주농업학교와 전남사범학교를 거쳐 1920년 광주고등보통학교(광주고보)가 설립되자, 1924년 광주고보에서 학생들을 지도하게 되었다. 그가 담당한 과목은 한문과 국어(조선어)였다. 그런데 두 과목만이 아니었다. 한문 시간에는 비밀리에 한국 역사를 가르치며 민족의 과제인 독립이 왜 필요한지를 역설했다.

송홍 선생 추모비
(전남 화순군 도암면 운월리)

1929년 11월 3일, 전국을 들끓게 한 광주학생독립운동이 일어났다. 그 중심에 성진회와 독서회가 있었다. 성진회를 창립한 왕재일과 장재성, 최규창은 고보 1학년 때부터 송홍 선생의 수업을 들으며 민족의식을 키워온 제자들이다. 광주고보의 독서회를 주도한 김상환과 김보섭, 오쾌일도 그의 제자들이다.

1945년 8월, 일제가 패망하고 광복을 되찾자 송홍의 칩거도 끝나게 된다. 광주서중학교 교단에 다시 서게 되었고, 광주의학전문학교(현 전남대 의대)에서 한국사를 강의하기도 했다. 74세의 노구를 이끌고 다시 교단에 섰던 그는 해방

송홍 선생 흉상(광주제일고 교정)

정국의 혼탁한 정치상을 지켜보면서 1949년 6월 18일 세상을 뜬다. 향년 78.

광주고보의 영원한 스승 운인 송홍 선생이 태어난 화순군 도암면

운월리 굴개마을에는 "이곳은 광주학생독립운동의 아버지로 일컬어지는 민족교육운동가인 송홍(1872~1949)의 생가터이다."라고 새겨진 조그마한 비가 서 있다. 또한 6년 남짓 교편을 잡으면서 민족혼을 일깨웠던 광주고보(광주제일고등학교)에 '운인 송홍 선생'의 흉상이 있다.

"그날의 분노와 그날의 함성/ 꽃같이 쓰러진/ 그날의 더운 피와 눈물로/ 아아 타오르는 그날의 불꽃으로/ 이제야 여기/ 지엄한 당신의 이름을 씁니다."

이처럼 운인 송홍은 광주고보 학생들에게 정신적 지주였을 뿐만 아니라 학생들이 나아가야 할 방향을 깨우쳐준 참스승이다. 항일운동의 실천가로서, 참교사로서 솔선수범한 송홍 선생의 삶과 정신을 기억하자.

3대에 걸쳐 의병과 항일독립운동을 한
김철 집안

하산(何山) 김철(金鐵, 1890~1969) 집안은 3대에 걸쳐 다섯 분이 건국훈장을 받은 독립운동가 집안이다. 나주 향리였던 김창곤과 그 후손들은 나주에서 태어났다. 김창곤 부자의 무덤은 나주에서 목포 가는 길목 맛재 바로 못 미쳐 오른쪽에 있다. 1896년에 건립한 '의병장 김해김공창곤지묘'라 새긴 비에는 김창곤과 두 아들

김철

석현과 복현(철), 그리고 손자 김재호(1914~1976)의 3대에 걸친 항일독립운동을 기록하고 있다.

나주의병의 좌익장 김창곤의 다섯째 아들이자 석현의 동생 김철은 후일 광주 3·1운동의 주역이었다. 아버지와 형의 항일정신을 이어받은 것이다.

1919년 3·1독립만세운동은 전국으로 번진다. 광주도 예외는 아니었

다. 3월 10일 광주천 큰 장터에서 시작하여 부동교 옆 작은 장터에서 목이 터져라고 "대한독립만세"를 불렀다. 숭일·수피아여학교 학생들도 참여했지만, 시장에 모여든 시민들이 다수였다.

당시 광주 인구가 만여 명이었는데, 천여 명이 참여한 대규모 시위였다. 광주 3·1독립만세운동을 기획하고 실천한 총책이 나주 의병 좌익장 김창곤의 아들 김복현이다.

1919년 3월 10일, 광주시장의 부동교 아래 작은 장터에서 김철은 시민과 학생 등 1,000여 명의 선두에서 태극기를 흔들고 독립 만세를 소리 높여 부르다가 일제 경찰에 붙잡혔다. 6월 16일 광주지방법원에서 소위 보안법 및 출판법 위반으로 징역 3년 형을 선고받고 항소했다. 9월 15일 대구복심법원에서 원판결은 취소되고, 동일하게 징역 3년이 선고되자 불복하여 상고했으나 10월 30일 고등법원에서 기각당해 옥고를 겪었다.

"국헌을 교란시킨 죄는 사형에 처해 마땅하나 관대히 다스리겠다."고 일본 재판관이 훈계하자 김복현은 "이번 운동의 책임자는 나다. 내 지시에 따른 학생들은 그냥 내보내라. 그리고 내 이름은 김철이다. 나는 불에 달구고 두들길수록 더욱 단단해진다. 얼마든지 해 보라."면서, 이번 광주 만세운동은 자기 한 사람에게 죄가 있을 뿐이라고 항변했다. 이는 김복현이 광주 3·1운동의 대표였음을 잘 보여준다. 이때부터 김복현은 김철로 이름이 바뀐다.

해방 후 김철은 전남건국준비위원회 부위원장으로 추대되었다. 1960년 4·19혁명으로 이승만 정권이 무너지자 강석봉, 국기열 등 광주 3·1운동 당시 동지들과 힘을 모아 사회대중당(이후 통일 사회당)을 결

김철 선챙 묘(3·1절 104주년 추모식 때)

성한 후 통일 사회당 고문을 맡아 민주주의의 완성과 조국 통일을 위한 마지막 투쟁을 전개한다.

그러나 5·16 군사쿠데타로 꿈은 물거품이 되었고, 1969년, 민주주의와 통일의 비원을 가슴에 묻은 채 생을 마감했다. 1990년, 정부는 김철에게 건국훈장 애족장을 추서한다.

의병장 김창균에 이어 김석현, 김철 독립운동가로, 그리고 김재호 항일운동가로 이어지는 3대에 걸친 항일독립운동 집안의 정신과 활동을 기념하고 선양하는 일이 선행되어야 한다. '노블리스 오블리제'의 전형적인 모습을 보여주는 이들은 당대를 살아가는 후세에게 귀감이 된다.

광주학생독립운동 점화자
박준채

나는 피가 머리로 역류하는 분노를 느꼈다.

가뜩이나 그놈들과 한 차에 통학하면서도 민족 감정으로 서로 멸시하고 혐오하여 지내온 터인데 그들이 우리 여학생을 희롱했으니 나로서는 당연한 감정적인 충격이었다. 더구나 박기옥은 내 사촌 누님이니 나의 분노는 더했다. 나는 박기옥의 댕기를 잡고 장난을 친 후쿠다를 개찰구 밖 역전 광장에서 불러 세우고 우선 점잖게 따졌다.

"후쿠다, 너는 명색이 중학생인 녀석이 야비하게 여학생을 희롱해?"

"뭐라구? '센징'놈이 뭐라고 까불어."

이 '센징'이란 말이 후쿠다의 입에서 떨어지기가 무섭게 나의 주먹은 그자의 면상으로 날아가 작렬했다.

더구나 '센징'이란 얼마나 우리 민족을 모욕하는 말인가? 일본인 교사들이나 지각없는 일본인들 입에서 불시로 튀어나오던 이 비칭(얕잡아 보는 칭호)에 대해 평소 나는 어린 마음에도 앙심을 품고 있었다.

_박준채, 〈독립시위로 번진 한·일 학생 충돌〉에서

박준채(朴準埰, 1914~2001)는 1914년 전남 나주군 나주면(현재 나주시) 남내동에서 태어났다. 광주고등보통학교 시절, 나주에서 광주로 통학하던 그는 1929년 광주학생 독립운동의 발단이 된 10월 30일 나주역 한일학생 충돌의 주역이다. 사촌누이 박기옥이 일본인 학생에게 희롱당하자 이에 대항하여 한일학생 충돌이 일어났다.

박준채

1929년 10월 30일 오후 4시 45분 광주역을 출발한 열차가 오후 5시 35분경 나주역에 도착했다. 통학생을 포함, 30여 명의 승객이 기차에서 내렸다. 개찰구에서 광주중학생 스에요시·후쿠다·다나카 등이 광주여자고등보통학교 학생 박기옥과 이광춘, 암성금자를 밀치는 일이 벌어졌다. 이를 본 박기옥의 사촌 동생인 광주고보 2학년생 박준채가 후쿠다를 꾸짖었고, 후쿠다와 박준채 사이에 언쟁이 일었다. 이 과정에서 후쿠다의 "조센징 주제에!"라는 모욕적인 발언에 격분한 박준채가 후쿠다를 구타하면서 격투가 벌어졌다. '센징(鮮人)'은 조선인을 모욕적으로 부를 때 쓰는 말이었기 때문에 억눌렸던 민족감정이 폭발한 것이다.

나주역의 일본인 순사 모리타에 의해 싸움은 중지되었지만, 분이 풀리지 않은 박준채가 후쿠다에게 "내일은 학교를 쉬지 말라"고 하자, 이를 본 모리타 순사가 박준채의 따귀를 때렸다. 나주역을 나온 광주고보생들은 일본 중학생들을 쫓아가 이광춘의 부친이 운영하는 조면공장 창고 부근에서 다시 후쿠다를 구타했다.

박준채와 후쿠다의 싸움은 이튿날인 10월 31일에도 이어졌다. 박준채는 고보생 3~4명과 함께 후쿠다가 탄 광주중학생이 다수인 차량에

탑승하여 후쿠다에게 사과를 요구했고, 이를 거부한 후쿠다와 다시 격투를 벌였다. 이를 본 차장이 박준채와 후쿠다를 2등실로 연행했다. 일본인 승객들은 후쿠다를 두둔하고 박준채를 비난하여 한국인 학생들의 반일 감정을 더욱 부채질했다.

11월 1일 박준채와 후쿠다의 다툼은 통학생 전체로 확대되었다. 오후 4시 30분 통학 열차가 광주역을 출발하려고 할 때 광주중학교 학생 30여 명이 야구방망이와 죽창·죽검 등을 들고 유도 교사 이다의 인솔 아래 전날 당한 것을 복수하겠다며 몰려왔다. 20여 명의 한국인 학생들이 기차에서 뛰어내려 개찰구의 목책을 사이에 두고 대치했다. 이 사건은 곧바로 학교에 알려졌고, 두 학교 교사와 경찰이 출동하면서 양쪽이 동시에 물러나는 것으로 수습되었지만, 문제가 해결된 것은 아니었다.

11월 1일 광주역 대치 사건 직후 광주 시내의 분위기는 살벌해졌고, 일본인 중학생들은 시내에서 단도를 구입하는 등 학생 충돌에 대비하여 무장하기도 했다. 한·일 학생 사이에 싸움이 붙어 한국인 학생이 다쳤느니, 칼에 맞아 여러 명이 중상을 입었느니 하는 소문이 퍼져 긴장이 고조되었다. 이제 한·일 학생의 대립은 통학생 간의 대립을 넘어 광주지역 한·일 학생 간 집단적인 충돌 분위기로 발전하고 있었다. 이러한 가운데 11월 2일은 폭풍전야처럼 별 사고 없이 넘어가고, 역사적인 11월 3일에 광주학생독립운동이 촉발되었다.

박준채는 학교에서 퇴학당했다. 붙잡힌 후 혹독한 심문을 받았으나 1929년 12월에 연소자라는 이유로 기소유예되어 출옥했다. 양정보고로 전학했으며 항일 활동으로 일제 경찰의 끈질긴 시달림을 당했다.

박준채는 석방 후 경성으로 와서 양정고등보통학교에 편입했고, 졸업 후에는 일본에 가서 와세다대학 정치경제학부를 졸업했다. 졸업

애국지사 박준채의 묘

후 귀국해 주조장 사업을 하다가 1960년대 초부터 조선대학교 교수를 역임했고, 법정대학장, 대학원장을 지냈다. 교수 재직 중에도 박정희 정부에 반대하는 시국 활동을 이끌어 민주화 운동을 했다. 은퇴 후 광주광역시에서 여생을 보내다 2001년 3월 9일 별세했다.

정부에서는 그의 공훈을 기리어 1982년 대통령표창. 1990년에 건국훈장 애족장을 수여했다.

올해는 광주학생독립운동 96주년을 맞는다. 그런데 항일운동을 했던 애국지사들이 부정되고 왜곡되는 상황이 전개되고 있다. 항일독립운동의 정신을 바로 세우고, 민족정기를 실현하는 중요한 시대에 살고 있다. 과거를 잊은 민족은 미래가 없다는 말을 가슴에 새길 일이다.

나주학생독립운동의 주역
이창신

이창신(李昌信, 1914~1948)은 1914년 5월 27일 나주시 봉황면 유곡리 낙동마을에서 한약업을 하던 이유섭의 외아들로 태어났다. 그는 나주봉황공립보통학교(4학년)와 나주보통공립학교를 졸업하고 나주농업보습학교에 진학했다. 그리고 이채후를 비롯 김성남 등과 나주지역 사회주의 운동에 가담하게 된다. 그는 농업보습학교 2학년 시절 모교에서 등사기를 가져와

이창신

밤새 유인물을 제작하여 학생운동을 선도했다. 이즈음 이창신은 이웃 마을 옥산리 유지 광산 김씨 김순애와 결혼해 가정을 꾸리게 되었다.

이창신은 1929년 11월 27일 나주농업보습학교 재학 중 박공근 등과 함께 광주학생운동 관련자 석방을 요구하는 선전물을 배포하며 시위운동을 했다. 그리고 1930년 2월 10일 제2차로 광주학생사건에 동조하는 만세운동에 참여하다 체포, 구금되었다가 2월 17일 석방되었다.

당시 이창신의 학생운동 사건은 1930년 2월 16일자 중외일보에서 자세하게 보도하고 있다.

전남 광주학생사건에 동정하야 라주농업보습학교 동 보통학교 합 2백여 명이 지난 이월 십일 라주 장날을 긔하야 조선학생 만세를 고창하며 시위운동을 하엿다 함을 루차 보도했거니와 동 사건이 혹시 단테의 조종이나 아닌가 의심을 품은 나주 경찰은 어린 학생 45명을 검속하야 엄중 취됴하여 오든 중 2월 13일 오전에 20명, 오후 15명을 석방하고 남어지 7명 보고생 원복준 김형수 최동균 외 1명과 농보교생 리창신 박춘근 최봉춘 합 7명은 아즉까지 엄중한 취됴를 받는 중이더라(라주).

이창신의 소년 시절 사회주의 운동은 1930년 2월부터 3월 말까지 당시 조선일보, 중외일보, 매일신문, 동아일보 지면을 통해 일제히 보도하고 있다. 특히 그가 등사기로 삐라를 제작, 배포한 사건은 재판기록을 통해서도 자세히 알 수 있다.

학생 시절부터 사회주의에 관심을 가져온 이창신은 1934년 『신동아』에 장편 「제방공사」를 투고해 가작 당선으로 문단에 등장했다. 그러나 그의 작품이 제대로 실릴 수 없는 식민지 현실을 그는 살았다.

「제방공사」로 문단에 나온 '이석성'은 이창신의 필명이다. 그는 당시 전남지역 유일의 프롤레타리아 작가동맹 계열 소설가였다. 그는 이제까지 묻혀 있었는데, 소설가 이명한은 50여 년 동안 간직해 오던 『신동아』 1934년 10~12월호의 「제방공사」를 비롯하여 육필 원고 등 여러 자료를 언론에 공개했다. 이창신 사후 53년 만의 일이다. 온몸으로 민족과 농민의 여망을 실천하고자 했고 이를 글로 형상화했지만

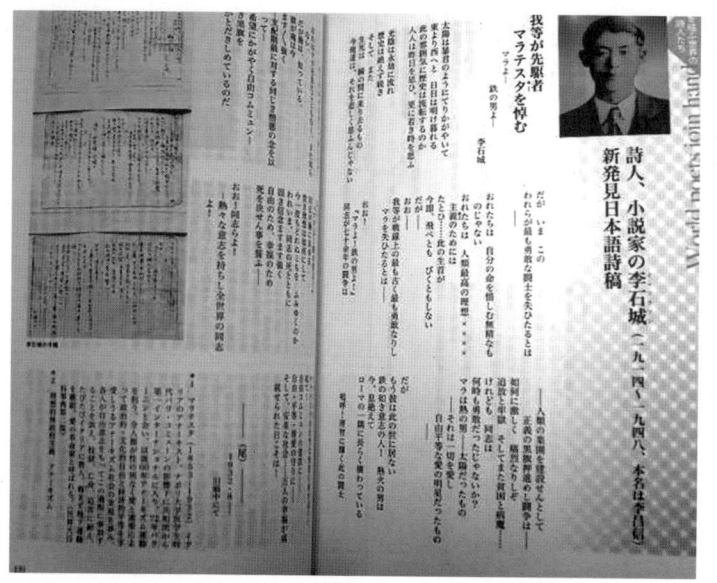

일본의 시문 월간지 『시와 사상(詩と思想)』 1932년 8월호에 실린 이창신의 미발표 시 「우리의 선구자 말라테스타를 애도한다」. 작자 이름이 '이석성(李石城)'으로 소개되어 있다.

한국 문단사에 전혀 알려지지 않았던 한 사람이 우리에게 다시 살아난 것이다.

그가 세상에 남긴 첫 작품이자 마지막 작품이 된 「제방공사」는 1930년대 나주의 제방 공사 현장(현 영산포 제방)에서 벌어지는 일본인 공사 감독의 파렴치한 행동과 착취, 그리고 인권을 유린당하는 한국인 노동자들의 처절한 삶을 그려내고 있다.

이러한 사회적 현실을 견디다 못한 그는 일본으로 건너갔다. 그는 이때 일본 도쿄에 있는 니혼대학 정칙(正則) 영어원을 잠시 다녔다. 이때 일본 프롤레타리아 문학단체 '네프'와도 교류하며 작품활동을 했다.

그는 1945년 고향 나주로 돌아와 3년여 동안 머물면서 사회주의 활동에 몰입했으나 끝내 뜻을 이루지 못하고 1948년 5월 23일 34세의 일기로 한 많은 생을 마감하고 만다.

2019년, 정부는 그에게 대통령 표창을 서훈했다. 독립유공자로 인정하는 과정에서 자료 부족이라는 이유로 우여곡절이 많았다. 독립유공자를 관리하고 선정하는 일에 국가보훈부의 전향적인 자세가 필요하다.

광주학생독립운동 주도한
윤승현

이산(伊山) 윤승현(尹昇鉉, 1910~1940) 선생은 1910년 10월 1일 남평면 남석리에서 태어났다. 3·1운동의 영향을 받은 그는 광주고보에 진학하여, 1929년 4월 4학년으로 이대기와 동맹휴학을 전개했다. 그리고 그해 광주학생독립운동에 참여하여 퇴학당하고 일본으로 피신했다.

이후 1931년 12월, 그는 동지들을 규합하여 한국노동자농민조합을 조직하고 항일투쟁을 전개했다. 1932년에는 전라남도 성진회 및 17개 항일단체를 통합하여 전남노동협의회 결성을 주도했으며, 활동 기관지인 전남노동자신문 학생 뉴스 및 3·1운동 격문을 발간하고 일제의 만행과 잔학상을 만천하에 폭로하여 학생독립운동의 기폭제 역할을 했다.

윤승현 의사는 일제의 탄압이 날로 심해지자 지하운동단체인 독서회를 조직하여 전국평의회 및 신간회 등과 연계하여 공복운동을 하다가 일본 경찰에 체포되었다. 이후 광주지법에서 징역 3년을 언도받자 항소하여 1935년 1월 28일 대구 복심법원에서 징역 3년 판결로 옥고를 치르게 되었다.

출옥 후에는 경기도 청평에서 숯을 굽는 한편 신탄잡지를 발간하면서 항일투쟁을 계속했다. 1945년 8월 15일 광복을 맞아 건국에 힘쓰다 6·25 전쟁으로 귀향하는 도중 구국의 일념으로 민심의 안정을 호소하다 41세의 나이로 희생되었다. 안타깝게도 혈육이 없이 죽음에 이르렀지만 조국 광복에 목숨을 바친 그의 충혼은 빛나고 있다.

윤승현 의사를 기리는 기적비는 국가보훈부 현충시설로 관리되고 있다.

윤승현 선생은 1928년 광주고보 재학 시 동맹휴학을 전개했으며, 1929년에는 광주학생독립운동을 주도했다. 이후 농민과 학생을 중심으로 한 한국노동자농민조합을 조직하여 항일투쟁을 전개했으며, 1932년에는 성진회와 여러 항일단체를 통합하여 전남노동협의회를 결성하기도 했다. 또한 지하운동단체인 독서회를 조직하여 활동하던 중 일경에 체포되어 3년의 옥고를 치르기도 했다. 출옥 후에도 항일투쟁을 계속한 공로로 1990년 건국훈장 애국장이 추서되었다.

광주학생독립운동 이후 일제의 탄압은 민족말살정책으로 전환되었다. 공개적으로 독립운동을 할 수 없는 상황에서 학생들은 비밀결사단체인 독서회를 중심으로 항일과 독립의식을 고취했다. 독서회는 책을 읽은 수준에서 그치지 않고 민족의식을 고양하고 항일운동을 전개하기 위한 훈련을 했던 조직이다. 그리고 노동자, 농민들과 노동협의회를 만들어 항일투쟁을 전개했다. 그러나 일제 경찰은 주도면밀하게 학생항일운동을 탄압했고, 주도하는 학생과 시민들을 감옥에 가두었다. 윤승현 의사도 3년의 옥고를 치렀고, 그 후에도 다양한 항일운동

이산 윤승현 기적비(전남 나주시 남평읍)

을 전개했다. 정부는 1990년에 건국훈장 애국장을 추서했다.

혈육이 없고 기록이 제대로 없어 윤승현 의사의 행적을 온전하게 드러나지 못하는 것은 안타까운 일이다. 그러나 늦게나마 애국장 서훈을 받았고, 1989년에 기적비를 세워 오늘에 이른다.

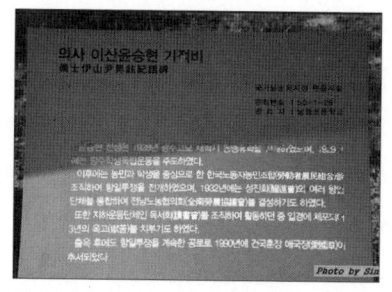

의사 이산 윤승현 기적비 안내문

여름 끝자락에 남평초에 들르니 다행히도 제초 작업을 했고, 주변의 쓰레기는 치워져 있었다. 누군가 관심을 가지니 주변이 정리된 것이다.

거듭 강조하지만, 평생을 조국독립과 민족정기를 지키고자 했던 애국지사들의 삶과 정신을 기억하고 계승해야 한다. 그리고 우리 지역에 미처 알려지지 않은 이산 윤승현 선생을 비롯하여 애국지사를 기억해야 한다.

대한민국 임시정부 전라도 대표
김철

1919년 4월, 상하이에 대한민국 임시정부를 수립하기 위한 초대 임
시의정원이 구성된다. 임시의정원 29명 중 전라도 대표로는 유일하게
함평 출신의 김철이 선출되었다. 일강 김철, 그는 평생을 임시정부와
함께한 독립운동가다. 김철이 태어나고 자란 함평군 신광면 함정리에
그의 사당·기념관과 함께 상하이 임시정부 청사가 건립된 이유다.

일강(一江) 김철(金澈, 1886~1934). 그는 함평군 신광면 함정리 609번
지에서 부친 김동진과 모친 전주이씨의 4남 1녀 중 3남으로 태어났다.
1908년 영광 광흥학교에 입학하여 중학 과정을 마치고, 1912년 경성
의 법부 법관양성소인 경성법률전수학교를 졸업한 후 일본 메이지 대
학에 진학한다. 졸업 후 고향으로 돌아와 가장 먼저 한 일이 노비들에
게 토지를 나누어주고 각자 집으로 돌려보낸 일이다.

일제가 식민 통치에 협력하라며 회유와 협박을 하자 김철은 1917년,
조국의 독립에 헌신하기 위해 식민지 망명객들의 기지였던 상하이로
망명했다. 상하이에 도착한 김철은 1918년 민족자결주의가 제창되자

김철 초상화(독립기념관)

곧바로 여운형, 장덕수, 선우혁, 조동오, 한진교 등과 신한청년당을 결성했다. 김철은 신한청년당 부주무로 기관지 〈신한청년〉을 발간하여 독립정신을 고취했다.

김철은 1919년 4월 30일 열린 제2차 임시의정원 회의에서 재무위원 겸 법무위원으로 선임되었고, 8월에는 초대 교통차장에 임명되었다. 총장 내정자 문창범이 취임하지 않자, 총장직까지 겸했다. 교통국은 국내와의 연락, 정보 수집, 국내 동포와 일제의 동향을 파악 보고함으로써 임정의 활동 방침을 정하는 데 중요한 역할을 한 부서였다.

1920년 1월 김구 등과 의용단을 발기한 후 산하 선전위원회 위원장 안창호를 도와 선전업무에 종사하기도 했다. 1922년 임시정부의 진로를 협의하기 위한 국민대표회의가 열렸을 때는 시사책진회를 만들어 임시의정원과 국민대표회의 간 갈등 해결에 기여하기도 했다.

1924년 5월 임시정부 국무원 회계검사원 검사장에, 1926년 12월 김구(국무령) 내각 국무위원에 임명되었고, 1927년 8월에는 이동녕 내각에서 군무장에 임명되었다. 1930년 12월 김철은 군무장에 재임용되었고, 이때 김구는 재무장, 삼균주의의 주창자 조소앙은 외무장이었다.

또한 김철은 임정의 무장활동을 관장하면서 김구가 조직한 '한인애국단'에 가입하여 활동을 지원했다. 김철 등의 지원으로 1932년 1월 이봉창 의사는 일본 도쿄에서 일왕에게 폭탄을 투척했으며, 그해 4월 윤봉길은 상하이 홍커우 공원에서 상하이 일본군 사령관 시라카와 대장을 폭사시켰다. 이 두 의거는 침체에 빠져 있던 임정의 독립운동에 큰 활력이 되었다.

일강 김철 기념관(전남 함평군 신광면)

복원한 상하이 대한민국 임시정부 청사(전남 함평군 신광면)

김철 선생의 영정을 모신 구봉사(전남 함평군 신광면)

　김철은 마지막 순간까지 임시정부를 붙잡고 조국 광복을 위해 분골
쇄신한 남도 최고의 독립운동가다. 독립에 대한 그의 열의는 1921년 1
월 1일자 독립신문에 실린 다음 글로 요약된다.
　"신의 도끼로 귀신을 주살하는 것이 춘추의 대의다. 해가 뜨고 달
이 두루 비치니 강과 산이 모두 정연하다."
　도끼로 주살하려는 귀신은 일본을 의미한다.

　조국의 독립을 위해 모든 것을 바친 김철. 그의 독립정신을 기리기
위해 정부는 1962년 건국훈장 독립장을 수여했다. 그의 고향 구봉산
기슭에 숭모비와 동상을 건립하여 추모하고 있다. 2003년 6월 '일강
김철 선생 기념관'이 개관되었고, 이후 상하이 임시정부 청사가 기념
관 옆에 복원되었다.

광주 3·1운동에 참여한
변순기

경사(耕史) 변순기(邊舜基, 1884~1971)는 전남 장성군 장성읍 장안리에서 태어났다. 자는 중화다. 어려서 사서삼경을 익힌 후 광주농림학교(광주농업학교의 전신)에 진학하여 신학문을 배웠으며, 함평학교 교사로 재직했다.

일본이 조선을 침탈하자 그는 학교를 떠나 송사(松沙) 기우만(奇宇萬, 1846~1916)의 제자가 된다. 그 후 함평여관을 운영하며 서정희 등 동지들을 모아 조국 광복의 뜻을 펴기 위한 모의를 했다.

1919년 3월 10일, 광주천변 큰 장터에서 김복현(김철) 등 350여 명이 대한독립만세를 불렀다. 이후 작은 장터에서 숭일·수피아 학생과 시민들이 합세하여 천여 명의 시위대를 형성하여 서문통을 지나 본정통(지금의 충장로)으로 행진했다.

변순기는 시민들에게 독립선언서 등을 배포한 후 앞장서 태극기를 흔들다 체포되었다. 그해 4월 30일, 광주지방법원은 그에게 징역 4월을 선고했고, 그는 이에 불복하여 대구공소원 및 서울 고등법원에 항소·상고했지만 모두 기각되었다.

영사정(전남 장성군 장성읍)

광주지방법원에서 보안법 위반으로 재판받을 때 그는 이렇게 따졌다.

"사람은 오관(五官)의 감각이 있고, 보고 들음에 따라 중심이 감동하여 분발함은 자연의 이치다. 이번 우리 조선인의 무리가 모여 만세를 부른 것 역시 듣고 봄으로 인해 중심에서 감발(感發)한 것이다. 왜냐하면 구주대전(歐洲大戰, 제1차 세계대전)이 종식되고 강화회의가 열리며 세계 평화를 논의하는 마당에서 인도, 정의에 의한 영원한 무전(無戰) 세계를 지향하여 윌슨은 민족자결주의를 주창하고, 마키노 노부아키(牧野伸顯, 파리강화회의 일본 측 강화특사)는 개방주의를 주창했다.

원래 예속국의 인종 모두가 감동받고 덕을 칭송하는 소리가 세계에 진동하고 조선 역시 그중에 있으니, 어찌 감동받지 않겠는가? 마침 경성 아무개의 한마디 큰 부르짖음에 조선 전 국토가 향응하지 않음이 없고, 만약 만세를 부름으로 죄가 된다면 피고도 역시 유죄이나, 그 원인을 궁구하면 그 죄는 주창자인 윌슨과 마키노 미나미에게 있으며,

조선에 이르러서는 죄 선동자 몇 명의 사람에게 있다.

조선 전 국토의 수만 명 사람이 무죄를 유죄로써 5개월의 구류, 혹은 징역에 복종하게 함은 신성(神聖) 아래 어찌 유감이지 않겠는가?"

변순기 기적비(장성 봉암서원 입구)

하지만 재판 결과는 바뀌지 않았다.

출옥 후 변순기는 송사 기우만의 제자로 유림을 대표하여 활동했으며, 1927년 12월 신간회 장성지회가 창립되자 적극 참여했다.

정부는 선생의 독립운동을 기리어 1992년 건국포장을 추서했다.

그가 태어난 장안리에는 그가 문맹퇴치운동을 벌인 영사정이 남아있고, 장안리 봉암서원 입구에는 그의 생애와 독립운동의 자취를 새긴 '경사 변순기 선생 기적비'가 있다. 무심하게 지나가는 사람들에게 그는 말한다. 지금 제대로 살고 있는가? 한일관계가 일방적으로 진행되면서 국가의 자존심과 신뢰가 무너지고 있는데, 도대체 뭐 하고 있느냐고 꾸짖는다.

광주고보 대맹휴투쟁 주도한
변진설

변진설(邊鎭契, 1909~1975)은 변순기의 장남이다. 8세 때 마을 서당인 장안서재에서 한문을 배웠다. 공립 장성보통학교(현 성산초등학교)를 졸업하고 1925년 광주고보에 수석 입학했다.

광주고보 4학년이던 변진설은 1928년 광주고보 5학년생 이경채의 퇴학 처분에 항거하여 그의 복교를 지지하는 활동을 하다 퇴학당했다. 이경채 사건으로 인한 대맹휴 투쟁으로 퇴학당한 것이다. 이경채가 '조선독립'이라는 벽보를 붙이고, 경찰서 등에 조선독립의 당위성을 담은 선언서를 발송하다 체포되자, 학교는 이경채를 재판도 열리기 전에 퇴학시켜 버렸다. 학생들은 이경채가 무죄 처분을 받을 경우 복교시킬 것을 요구했으나 거부당했다. 이에 6월 26일부터 9월 중순까지 학생들이 맹휴투쟁을 전개한 것이다.

변진설은 학우 대표들과 맹휴 중앙본부를 조직하고 「중앙본부 격(檄)」 등 맹휴투쟁의 정당성을 주장하는 격문을 만들어 학생과 학부모에게 배포했다. 이 활동으로 1928년 8월 23일 일본 경찰에 체포되었다. 당시 동아일보에 "지난 23일 장성경찰서 형사 4명이 광주고보 동맹휴업으로 퇴학 처분을 당하고 집에 돌아와 있던 변진설을 검거했고, 정학 처분을 당한 장성의 김천기와 김인중 등을 소환 조사한 뒤 두 사람은 석방하고 변진설은 구금했다."라는 관련 기사가 실렸다.

봉암대선사 변진설

체포된 그는 1928년 10월 5일 광주지방법원에서 징역 8월을 선고받았다. 이에 불복하여 항소했고, 1928년 11월 29일 대구복심법원은 그에게 징역 6월, 집행유예 4년을 선고했다.

변진설은 부친 변순기가 광주 3·1운동으로 체포될 당시 11세였다. 그리고 10년 뒤 그는 학생 신분으로 아버지의 뒤를 이어 일제에 맞서 앞장서서 맹휴투쟁을 전개했다. 1928년 '이경채 사건'으로 광주고보 생들은 굳게 단결할 수 있었던 것이다. 그리고 1년 뒤인 1929년 11월 3일 학생독립운동으로 불타오르게 되었다.

학생들의 독립운동이 광주에서 발발할 수 있었던 요인은 맹휴투쟁에 의한 학생들의 역량이 축적되었기 때문이다. 그 투쟁 중 가장 격렬한 1928년 맹휴투쟁을 이끈 핵심 인물이 변진설이다. 아버지의 뜻을 아들이 이은 것이다.

1928년 11월 집행유예로 풀려난 그는 이듬해인 1929년 1월 백양사로 출가했다. 그가 출옥 후 승려가 되었음은 그의 부친 변순기의 기적비에 적혀 있다. 송만암 대선사에게 참선 공부를 시작했고, 이후 화엄사에서 전진응 스님에게 불교 경전을 수학했다.

1939년에는 3·1운동 민족대표 33인인 백용성(白龍城) 스님 문하에서

화과원(경남 함양군 백전면 백운산 자락)

전법계를 받았다. 법명은 월주(月舟), 법호는 봉암(鳳庵)이다. 법호 봉암
은 그가 태어난 마을에 있는 봉암서원에서 비롯된 것으로 보인다. 이
곳은 변진설의 조상인 망암(望庵) 변이중(邊以中, 1546~1611)을 기리는 서
원으로, 변이중은 임진왜란 당시 화차와 화통을 발명하여 권율 장군
에게 제공해 장군이 행주대첩을 승리로 이끄는 데 기여했다.

이후 월주 스님은 경남 함양군 백전면 백운산의 화과원(華果院)에
주지로 재임했는데, 화과원은 일제강점기 독립운동가들에게 독립자
금을 제공한 곳이다. 백용성 선사가 1927년 설립, 운영했던 화과원은
월주 스님이 원주로서 실질적 운영을 담당했다. "백용성 선사와 당대
선지식인들이 선농불교를 실천하면서 항일독립운동과 불교개혁, 사
원의 자립경제, 지역 빈민 아동의 교육복지사업, 불교 경전 번역과 저
술 등을 전개한 공간"이며 "화과원이 독립자금을 제공하던 단순한 농
장이 아니라 항일독립운동과 불교개혁의 역사·문화적 거점"이라고
평가된다.

월주 스님은 1941년 조선불교 조계종 이사로 선임되었으며, 해인사

법보학원 강사, 대원사 강원 강사를 역임했다. 해방 후에는 해인대학과 마산대학 교수로 재임하며 수많은 제자를 양성했다. 1975년 열반에 들었다.

정부는 그의 독립운동을 기려 2006년 대통령 표창을 추서했다.

대통령 표창

광주 무등의 횃불이여!
기태룡

지금은 우리 땅. 봉오리채 떨어진 환도 친형과 무등회 동지들의 항쟁으로 부활한 땅. 이제는 창허 기태룡도 그들 곁으로 떠나려 하는구나. 17세 홍안으로 국경을 넘나들며 독립항쟁−형극의 길, 옥고의 모진 상처, 역사의 증언 되니 누가 감히 그 푸른 절개를 눈물 없이 기억하리, 자랑스런 대한의 아들이여! 광주 무등의 횃불이여!

_기태룡 묘비명

　창허(創虛) 기태룡(奇泰龍, 1926~1984)은 전남 장성 사람이다. 광주서중학교 재학 중인 1940년 3월, 선배 유몽룡의 소개로 동교의 항일학생결사 무등회(無等會)에 가입했다. 무등회는 1938년 조직된 서중독서회가 확대 개편하면서 개칭된 것으로, 일제의 식민 통치를 부정하고 독립을 목적한 결사였다. 그는 무등회의 주요 회원으로서 동지 포섭 등의 활동을 했다.

　그러던 중 그는 1942년 10월에 신병으로 학교를 휴학했고, 이듬해 일본으로 건너가 도쿄 예비학교와 신주쿠 고등예비학교에 다녔고, 이후 하얼빈까지 왕래하며 독립운동 자금을 마련했다. 임시정부를 찾은 기태룡은 김구 선생과 이시영 선생을 만났다. 꿈같은 일이었다. 김구와 이시영은 광주서중 학생이 상하이까지 왔다는 얘기에 깜짝 놀랐다. 이들은 "독립의 뜻을 잃지 말고 열심히 노력하라."라며 그를 격려했다. 감격한 기태룡은 도쿄와 하얼빈에서 무등회 활동 자금으로 얻은 500원 중 480원을 이시영에게 독립운동 자금으로 헌납했다. 이시영은 깜짝 놀랐다. 적은 돈이 아니었기 때문이다.

그런 인연이 이어져서인지, 해방 후 기태룡은 이시영을 다시 만났다. 그가 서울대학교에 다닐 때는 부통령이던 이시영의 집에서 지냈는데, 이시영은 그에게 학비까지 대 주었다고 한다. 김구 또한 해방 이후 남행하면서 장성 기태룡의 고향 집에서 이틀 동안 묵으면서 '충효세가'라는 친필 휘호를 써주었다고 한다.

귀국 후 교내에서는 박화진·배종국 등 5학년생이 중심이 되어 교풍쇄신운동을 표방하며 일제 식민 통치에 대항했는데, 그러한 활동이 일경에 탐지되어 주동 학생들이 검속을 당했다. 무등회를 중심한 광주서중 학생들은 이를 계기로 학병지원 반대·창씨개명 반대·일어상용 반대·징병제도 반대 등을 내걸고 1943년 5월 21일에 일제히 동맹휴학에 돌입했다. 세칭 광주서중의 제2차 독립운동이라 불리는 이 무등회 사건은 치열한 항일투쟁이었으며, 학생들의 비밀결사와 관련하여 고문으로 숨진 대표적 사건이기도 했다.

기태룡도 무등회 사건에 연루되어 혹독한 고문을 받았다. 그는 두 손이 뒤로 수갑이 채워진 채 천장에 달리는 비행기 고문을 당했다. 한겨울 밤 꽁꽁 언 경양방죽에 알몸으로 처넣는 고문, 쇠꼬챙이를 달궈 허리를 지져대는 고문까지 당했다. 까무러치기도 여러 번 했고 죽을

기태룡 묘(대전 현충원)

고비도 여러 차례 넘겼다.

기태룡은 1944년 12월 대구복심법원에서 단기 2년, 장기 4년으로 형이 확정됐다. 대구형무소에 수감 중이던 기태룡은 해방 하루 전인 1945년 8월 14일 밤 출감했다. 기태룡 외에도 남정준, 신균우, 기원홍, 배종국, 박화진, 오복열, 조병대, 이민수, 박하주 등이 실형을 선고받았고, 나금주 등 21명이 기소유예를 받았다.

해방 후 1948년, 그는 광주서중학교 명예졸업장을 받았다. 서울대학교 상과대학 경제학과를 졸업하고 교육계에 투신하여 1975년 장흥고등학교 교장, 1980년 담양군 교육장, 1984년 전라남도교육연구원장을 지냈다.

1990년 건국훈장 애족장을 추서 받았으며, 유해는 대전 현충원에 안장되어 있다.

무등회 결성의 주역
나금주

나금주(羅金柱, 1920~1998)는 전남 장성군 삼서면 대곡리 415번지에서 나상곤과 김억남의 5남 4녀 중 장남으로 태어났다. 어려서부터 총명하여 장성에서 수재로 소문난 그는 1935년 4월 1일 당시 호남 인재들이 모인 광주고등보통학교에 입학했다.

광주고등보통학교 학생들은 광주의 대표적 중등학생이라는 자부심으로 1920년대 중반부터 우리나라 학생운동을 이끌었다. 1928년 이경채 사건이 일어났을 때 동맹휴학으로 맞선 광주고등보통학교 학생들의 항일의식은 1929년 11월 3일 학생운동으로 폭발했다. 광주학생독립운동은 이후 전국으로 확산했을 뿐만 아니라 1930년대는 물론 해방 순간까지도 학생들이 항쟁을 주도하는 원동력이 되었다.

나금주가 남다른 민족지사로서의 기질을 지니게 된 데는 그의 숙부 나승규의 영향이 컸다. 나승규는 광주학생운동을 촉발한 비밀결사체인 성진회 결성에 깊숙이 개입하고 신간회 활동에도 적극적이었다. 1927년 동아일보 장성주재 기자로 있으면서 학생운동을 배후에서 지도했다. 나승규는 이로 인해 체포, 투옥되어 징역형을 받았고, 뒤에 다

나금주

시 노동조합을 결성하다 징역 2년을 선고 받는 등, 독립운동의 전설이었다. 이러한 숙부의 빛나는 항일운동이 나금주에게 영향을 주었다.

1931년 만주사변을 일으킨 일제는 1937년 중일전쟁을 일으켜 본격적으로 군국주의의 길로 들어섰다. 1937년 중학교 이상 각급 학교에는 군사 훈련을 강요했고, 황국신민서사를 암송하게 했다. 이처럼 일제의 침략 야욕이 노골화되면서 잠시 억누르고 있던 학생들의 항일 열기가 다시 활활 타올랐다. 1930년대 들어 일제의 집중 감시로 소강상태에 있던 이 지역의 학생운동이 다시 조직화되기 시작했다.

1937년 당시 광주고보 5학년인 송홍호, 류복열이 중심이 되어 독서회를 조직했다. 이 독서회에 3학년인 기환도, 유기춘, 주하준, 나금주, 고길현 등이 가입했다. 그러나 이 독서회는 곧 탄로 나서 송홍호와 류복열은 구속되어 실형을 선고받았다. 그런데 나금주 등은 그들이 독서회에 가입하여 항일운동을 한다는 사실을 감추기 위해 3학년 때 처음 시작한 군사훈련을 열심히 받았다. 당시 군사훈련은 교련복, 군화, 전투모, 각반, 혁대, 배낭 등을 갖추고 집총훈련을 했다. 이 훈련은 처음에는 5학년만 했는데 곧 3학년까지 실시했다. 군사훈련 실시에 학생들은 처음에는 반발하여 칭병(稱病), 불참, 태만 등으로 조직적으로 거부했다. 특히 중대장 생도 나금주는 다른 회원들을 독려하며 열심히 훈련에 임했다. 독서회가 노출되어 있어 학교 당국의 감시의 눈길을 피해야 했기 때문이다.

나금주가 4학년이 되던 1938년, 광주고등보통학교가 일제의 교육

애국지사 나금주 묘(대전 현충원)

정책 변화에 따라 광주서공립중학교로 명칭이 바뀌었다. 일본인 학생
이 다니는 광주동공립중학교와 구별하기 위함이었다. 마침 견원지간
인 광주서중학교와 광주동중학교 학생들이 대촌면 야산에서 돌격전
을 하게 되었는데, 누군가가 "언제인가는 우리가 왜놈들과 죽고 죽이
는 싸움을 하게 될 터인데 마침 잘됐다. 오늘 천재일우의 이 기회를
놓치지 말고 총칼로 왜놈을 무찌르자!"라고 외치자 광주서중 학생들
은 2일간의 피곤함을 잊고 일제히 돌격했다. 이 사건으로 중대장 생도
나금주를 비롯하여 최주현, 노익환, 주하준, 차귀섭 등 여러 학생이 유
기정학 또는 무기정학을 당했다. 이에 놀란 전라남도 학무과는 이듬
해부터 합동야영훈련을 중단했다. 이렇게 나금주는 학생들의 항일 의
지를 때로는 내면화시키고 때로는 폭발시키며 항쟁의 열기를 살리려
고 노력했다.

　1940년 2월 나금주는 광주서중을 졸업하고 광주역에 근무하면서
비밀결사를 만들어 항일운동을 조직화했다. 1942년 11월 무렵, 그는

'쎄븐 클럽(7인조)'이라는 단체를 만들어 활동했다. 이들은 행동강령으로 조선인 종업원 친목 단결, 조선인 종업원에 대한 차별대우 철폐, 일용직 인권 보호, 친일 종업원에 대한 주체 교육 교화 등을 내걸었다.

해방이 되자 나금주는 그동안 하지 못한 공부를 위해 연희대학교 전문부 상과에 입학하여 1948년 3월 졸업했다. 우리나라 금융산업 발달에 기여하고자 했던 나금주의 꿈은 1950년 6월 25일 발발한 한국전쟁으로 완전히 바뀌었다.

이후 그는 교육자로 변신하여 신설 사학법인의 초대 교감, 교장으로 학교 설립에 탁월한 능력을 보여주었다. 나금주가 초대 학교장으로 근무한 학교들이 모두 명문 사학으로 발돋움했다는 사실은 광주 동신고, 서석고, 문성고의 사례에서 확인할 수 있다. 그의 동료 교사들은 교육관이 확고하여 재단의 간섭을 과감히 뿌리치고 소신껏 학교를 운영해 교직원, 학부모, 학생들로부터 존경을 받았다.

그는 조국 독립을 위해 소중한 목숨을 아낌없이 내놓았고 해방 후에는 대한민국 교사로 교육의 기초를 세우는 데 혼신을 쏟았다. 그의 빛나는 독립운동을 기려 대한민국 정부는 2019년 그에게 대통령 표창을 추서했다. 그의 공적에 비하면 너무 격이 낮다. 그의 활동에 걸맞은 평가와 격에 맞는 서훈이 되었으면 한다.

무등회 결성과 정통역사관 확립에 힘쓴
노동훈

　　노동훈(魯瞳塤, 1927-2020)은 전남 장성군 삼서면 수해리에서 태어났다. 서당 훈장인 증조부로부터 일곱 살부터 아홉 살까지 한학을 배우다 1934년 4월 1일 함평군 월야공립보통학교에 입학했다. 1941년 2월 사범학교 입학시험을 치렀다. 그가 사범학교를 지원하려 한 것은 학비가 무료였기 때문이다.

　　노동훈은 1941년 4월 광주사범학교에 입학했다. 입학 후 무등독서회 결성에 흔쾌히 동의했다. 목숨을 잃을지도 모르는 독립운동을 하자는데 쉽게 응한 것은 어렸을 때 맺힌 응어리 때문이다. 일곱 살 무렵 증조부가 서당에서 한학을 가르치며 민족의식을 강화하려는 것에 불만을 품은 일제는 서당을 폐쇄하려 했다. 서당 폐쇄를 압박하러 온 일본 경찰을 달래기 위해 증조부가 막걸리를 준비해 술상을 대접했는데, 일본 경찰은 증조부 등에 술을 부어버리고, 막걸리 통을 증조부 등에 묶어서 주재소로 끌고 갔다. 이때 증조부가 느꼈을 분노와 치욕은 어린 동훈에게 고스란히 투사되었고, 그는 치밀어 오는 분노를 애써 참았다.

노동훈

노동훈은 사범학교 여러 교과 가운데 지리와 역사, 특히 역사를 좋아했다. 학교에서는 일본사와 동양사, 서양사를 가르쳤을 뿐, 조선 역사는 가르치지 않았다. 역사 공부를 좋아한 그에게는 이러한 차별교육이 큰 불만이었다. 일본인 교사들은 수업 중에 한국을 통치의 대상으로 삼고 있음을 노골적으로 강조했다. 황국신민, 천황폐하 등의 얘기를 셀 수 없이 들으면서 그의 내면에는 강한 민족의식이 형성되고 있었다.

무안 출신 정병광이 중이염에 걸려 병가를 내고 집에서 쉬고 있었다. 이때 태평양전쟁 얘기, B29 폭격기의 일본 폭격, 김구 선생 등 독립운동 얘기가 나왔고, 이 자리에서 모임을 결성하자고 했다. 무등독서회가 태동하게 된 계기다. 여러 차례 토론을 통해 강령을 만들었다.

- 우리는 동지회 명칭을 무등독서회라고 칭한다.
- 우리는 평소 동지애로 뭉쳐 긍지와 자부심을 갖고 월 2회 독서모임을 갖기로 한다.
- 우리는 독서운동 전개로 조국 독립 쟁취 및 사상 무장과 전통역사관 확립에 힘쓴다.
- 연합군의 본국 상륙작전에 호응, 행동대원으로 일제히 봉기할 것을 굳게 다진다.

노동훈은 연합국이 한국에 상륙할 때 행동대원으로 봉기하는 계획 등을 세웠고, 대한민국임시정부 연락원으로도 활동했다.

2년 가까이 조직이 노출되지 않았던 무등독서회는 순창에서 활동하던 홍완표가 체포되면서 드러났다. 노동훈은 1944년 10월 학기말 시험을 치르다 경찰에 붙잡혔다. 체포될 때 담임교사가 불러내 교장

노동훈 생전 모습(3·1운동과 대한민국임시정부 수립 100주년을 맞아 개최한 '독립의 횃불 전국 릴레이' 전시회. 2019.3.25.)

실에 있는 전라남도 경찰부 고등계 형사에게 넘겼다. 그곳에는 조규학, 안동영, 이경채 등이 와 있었다. 이들과 함께 전남경찰부를 거쳐 나주경찰서로 이송되어 1주일 동안 고문 조사를 받았다. 형사들은 원하는 답이 나오지 않으면 정강이 아래에 몽둥이를 넣은 채 무릎을 꿇리고 마구잡이로 밟았다. 의자에 앉혀놓고 머리를 뒤로 젖히게 하여 고춧가루가 섞인 물을 코에 부었다. 이들을 취조한 것은 한국인 형사였다. 같은 한국인이 동포를 독립을 위해 활동했다며 사상범죄자로 몰아 고문한 현실에 분노했다.

다음 해 8월 15일, 간수가 '일본 항복'이라고 손가락으로 알려줘 노동훈 등은 만세를 불렀다. 일본인 간수가 나지막이 "이제 당신들 세상이오"라고 했다. 이튿날 경찰서장은 경찰서장실로 노동훈 등을 불러 앞으로 '신중히' 생각해 행동하라고 당부했다.

출옥 후 졸업하자마자 노동훈은 곧 교직 생활을 시작했다. 1946년

4월 첫 부임지가 광주 대성국민학교였다. 6개월간 교사로 근무하면서 그는 서울에 올라가 더 공부하여 해방된 조국에 봉사하고 싶은 바람이 생겼다. 성균대학교 역사학과에 지원하여 합격했다. 성균관대학교를 선택한 것은 고려, 조선시대의 국립대학으로서 오랜 전통을 지녔기 때문이다. 역사학과를 선택한 것은 역사에 관심이 많았고 좋아했기 때문이다. 그는 식민사관에 맞서 정통 역사관을 확립하려고 노력했다.

1954년 3월 광주 계림국민학교, 1962년 3월 광주 대성국민학교, 1964년 3월 광주 중앙국민학교, 1966년 계림국민학교를 거쳐 1967년 3월 영광 군남국민학교 교감으로 승진, 1970년 9월 완도 보길동국민학교 교장으로 승진했다. 1972년 3월 보성 회천서초등학교, 1976년 3월 화순 한천국민학교, 1981년 9월 함평 해보국민학교, 1986년 9월 나주 공산국민학교 교장을 마지막으로 1992년 8월 정년 퇴임했다.

그는 대한민국 정부로부터 1995년에 건국훈장 대통령 표창을 받았다. 1946년 9월부터 1992년 8월 초까지 교직에 있었으니 그의 삶은 곧 대한민국 교육사의 축소판이라 하겠다. 그는 50년 가까운 교직 생활 동안 '애국, 정직, 품위, 건강'을 실천하려 했다. 스승이 없다고 한탄하는 시대에 독립운동가로서, 교사로서 모범을 보여준 노동훈을 기억해야 할 이유다.

만주에서 항일운동 주도한
황덕환

황덕환(黃德煥, 1895~1929)은 영광군 군남면 양덕리 206번지에서 1895년 2월 26일 부친 황일수의 4형제 중 2남으로 태어났다. 호는 일초(一樵), 일명 건(鍵)이라고도 한다. 향리에서 한학을 공부하던 12세 때 유행성 전염병으로 양친이 돌아가시자 16세 때 상경했다.

그는 1913년 2월 일본으로 건너가 도쿄 아오야마(靑山)학원에 입학하여 공부하다가 1916년 10월 큰 뜻을 품고 만주로 건너가 남·북만주를 활동무대로 독립운동에 투신했다.

1919년 상하이 임시정부의 명령을 받아 군자금 모집의 사명을 띠고 배편으로 국내로 들어오다가 부산항에서 일경에게 체포되었다. 그는 대구지방법원에서 징역 5년형을 받고 대구형무소에서 3년간 옥고를 치렀으며, 1922년 3월 가출옥했다.

그 후 고향에서 6개월간 휴양하는데 일경의 감시가 심해지자 다시 상경, 용산에 '민생사'라는 이발관을 위장 경영하면서 서울 청년회 간부로 지하운동을 하다 일경의 미행이 계속되자 부득이 만주로 망명했다. 1925년 3월 북만주 영안현에서 신민부에 가입했으며, 군사위원장

김좌진 휘하에서 문우천의 후임으로 별동대장에 임명되어 맹렬한 활동을 했다.

1927년 8월 중동선 해림(海林) 조선인민회 회장 배두산(裵斗山)이 일본의 밀정으로, 또 중국 관헌의 앞잡이로 신민부의 활동을 방해하는 한편 국내로부터 이주하는 동포들을 핍박하므로 이 지방 교포들이 악질 친일파 배두산을 처단해 달라고 신민부에 요청했다. 그해 8월 11일, 그는 대원 이영상·최진만·채세윤·박병찬 등과 해림에서 배두산을 처단했다.

또한 10월 26일에는 다시 하얼빈 조선인민회를 습격하여 해산한다는 서약을 받기도 했다. 12월 1일에는 하얼빈에서 무기를 구입하여 동부로 옮기다가 발각되어 하얼빈 일본 총영사관 경찰서에 체포되어 심한 고문과 취조를 받다가 1928년 2월 20일 다롄 지방법원으로 압송되었다. 그리고 5월 17일 무기징역형을 선고받았다.

그가 뤼순 형무소에서 옥고를 치르던 1929년 제3공장(행리공장)에서 일본인 죄수와 같이 노동하고 있을 때 그곳 일본인이 한국인에 대해 매일같이 모욕적인 언사를 하므로 적개심에 불타 작업용 칼로 일본인을 찔러 죽였다. 이에 사형선고를 받게 되어 1929년 9월 20일 교수형으로 순국했다. 당시 신경에서 운수업을 하던 그의 사촌 동생 황길환이 1933년 10월 고향 군남면 백양리 선영하에 유해를 모셨다. 1965년, 정부의 배려로 국립묘지 애국지사 묘역에 안장되었다.

정부에서는 고인의 공훈을 기리기 위해 1963년, 그에게 건국훈장 독립장을 추서했다.

영광군 군남면에 황덕환 선생 추모비가 세워져 있으며, 검단마을에는 벽화가 그려져 있다. 다행히 지역민들은 황덕환 선생을 잊지 않고 추모하고 있다. 그러나 황덕환 선생을 알고 있는 사람은 거의 없고, 찾

황덕환 선생 추모비(전남 영광군 영광읍 우산공원)

독립투사 황덕환 벽화(전남 영광군 군남면 검단마을)

아오는 이가 별로 없는 추모비는 외롭게 서 있다.

일제강점기에 고국산천을 떠나 만주에서 일본인과 밀정들을 처단하는 항일독립운동을 하다 옥고를 치르는 과정에서 한국인을 멸시하는 일본인을 처단하고 민족적 자존심을 지켰던 황덕환 선생의 의로운 활동을 기억해야 할 것이다.

일제강점기 항일운동을 이끈 대표적인 지식인
김준연

낭산(朗山) 김준연(金俊淵, 1895~1971)은 영암읍 교동리에서 아버지 김
상경과 청주 한씨의 장남으로 태어났다. 13세에 영암보통학교에 입학
했으며, 1910년 서울로 유학해 한성고등보통학교에 입학했다. 일본
오카야마 제6고등학교(대학예과 과정), 도쿄 제국대학 대학원, 독일 베를
린 대학을 우등으로 졸업한 후 영국 런던대학에서 정치와 법률을 공
부했다. 법을 공부했지만 결국 변호사가 되지 않고 1925년 귀국하자
마자 조선일보 기자가 되었다.

도쿄 제국대학 유학 시절 조선기독교청년회 부회장을 맡아 활동하
면서 1919년 도쿄 2·8독립선언을 주도했다. 또한 1919년 11월 여운형
의 도일(渡日) 때는 도쿄에 있는 사회주의 단체인 신인회를 중심으로
그의 환영회를 조직하고 조선독립을 선전했다. 귀국 후 조선일보 모
스크바 특파원이 되었다. 한국인 최초의 해외 특파원이다. 그곳에서
사회주의 국가를 건설한 소련의 모습을 살핀 그는 1926년 12월 안광
천, 한위건 등과 조선공산당 재건에 앞장섰다. 한위건은 1919년 3월
5일 경성에서 학생들 중심의 3·1운동을 주도한 경성의전 출신으로,

김준연

상하이로 망명해 독립운동을 펼친 인물
이다.

1927년 2월, 김준연은 민족주의 독립운
동과 사회주의 독립운동의 민족협동전선
인 신간회 창립 발기인이 되어 주도적 역
할을 했다.

일제의 탄압으로 조선일보를 그만둔 뒤
그는 1928년 동아일보 기자로 활동했는
데, 그해 동아일보 편집국장 시절 제3차 공산당 사건, 흥업 구락부 사
건, 조선어학회 사건 등을 주도하여 8년간 투옥 생활, 9년간 연금 생
활 등 일제강점기 항일운동을 이끌었다. 특히 1936년 8월 베를린 올
림픽대회 마라톤 경주에서 손기정 선수가 우승하자 손 선수의 앞가슴
에 붙인 일장기를 지워버리고 신문에 실은 '일장기 말소 사건'은 그의
독립운동을 빛낸 유명한 사건이다.

이후 그는 창씨개명을 거부하고 인촌 김성수의 해동 농장을 관리하
며 살았는데, 해방 후 송진우, 장택상 등과 국민대회 준비회를 조직하
고 한국 민주당을 창당해 임시정부 법통 운동에 참여했다.

1945년 서울특별시장 고문관에 임명된 뒤에는 모스크바 3상 회담
에 반발해 김구 선생의 반탁 운동에 동참했다. 찬탁한 송진우, 장덕수
등과 갈등 관계에 있다가 1948년 영암에서 한민당 후보로 나서 초대
국회의원이 되었다. 그리고 헌법 기초의원이 되어 대한민국 정부 수
립에 큰 역할을 했다. 국회의원 시절에는 반민특위 조사 위원으로 활
동했으며, 1950년 선거에서 낙선한 뒤 6·25전쟁 때 법무부 장관으로
임명되었다.

김준연 흉상   낭산 김준연 기념관(전남 영암군 영암읍 영암로)

1991년 대한민국 정부는 김준연에게 건국 공로훈장과 국민훈장 무궁화장을 추서했다. 일제강점기와 해방 전후의 상황에서 그는 항일운동과 건국 활동에 적극 참여하여 투신했다. '항일, 건국, 민주화의 선구자'로 평가받는 그를 위해 월출산 북쪽 영암읍에 기념관이 조성되어 그 정신을 기리고 있다. 남도인이라면 꼭 방문하여 낭산 선생의 삶과 정신을 살필 것을 권한다.

광주학생독립운동으로 구속된
이춘수

  이춘수(李春洙, 1911~1948)는 전남 영암 사람이다. 전라남도 공립사범학교 재학 중이던 1929년 7월 초순, 전남 광주 수피아여학교 뒷산에서 송동식·이신형 등의 학생들과 사회과학 연구를 목적으로 비밀결사 독서회를 결성했다.

  이들은 회원을 4개 반으로 편성하고 사회과학 이론 학습과 항일의식 함양에 힘썼다. 이어 동년 9월 중순 광주형무소 뒷산에서 모임을 갖고 조사선전부·조직교양부·재정부 등으로 조직을 개편하는 한편 광주공립고등보통학교 학생조직과의 연계를 모색하기도 했다.

  그러던 중 그는 동년 11월 3일 광주고등보통학교 학생과 일본인 중학생 생도들 간의 싸움으로 시작된 광주학생항일의거 시위에 참가하여 활동하다 일경에 붙잡혔다.

  그는 1930년 10월 18일 광주지방법원에서 소위 치안유지법 및 보안법 위반으로 징역 3년형을 선고받고 공소하여 1931년 6월 13일 대구복심법원에서 징역 1년형이 확정되어 옥고를 치렀다.

1926년 6·10 만세운동 이후 고조된 학생들의 민족의식은 우리 민족의 현실에 대한 탐구로 발전했다. 이를 위해 학생들은 학교별로 독서회를 조직해갔다. 이들이 독서 대상으로 삼은 것은 당시 식민지 현실을 과학적으로 비판한 사회주의 서적이었다. 사회주의는 식민지의 암담한 현실의 원인과 해결책을 제시해 주는 나침반이었다.

이춘수

1928년 6월 광주고보의 이경채가 '조선독립' 등의 벽보를 붙이고 선언서를 작성하여 경찰서 등에 보낸 사건이 일어났다. 이로 인한 대맹휴 투쟁으로 많은 학생이 퇴학당하고 정학 처분을 받았다. 여기에 운암역 사건까지 더해져 한국인 학생들과 일본인 학생들 사이에는 일촉즉발의 긴장감이 돌고 있었다.

운암역 사건은 이경채 사건에서 비롯된 대맹휴 투쟁이 1주년 되는 1929년 6월 26일에 일어났다. 이날 아침 기차가 운암역에 정차했을 때 광주중학교 3학년 곤도가 "저것 봐! 개고기! 조선인들이 즐겨 먹는 개고기", "조선인들은 야만인이야"라고 했다. 이 말을 들은 김기수는 피가 역류하는 것을 느꼈다. 6월 28일, 김보섭, 오쾌일, 최희선 등은 곤도에게 조선인을 야만인이라고 놀린 것에 대한 사과를 요구한다. 곤도는 결국 사과했다. 하지만 이날 옆구리와 뺨을 맞은 곤도는 불만을 품고 일본학생 단장에게 이야기했고, 이때부터 경찰은 바로 통학열차에 형사들을 동승시켜 학생들을 감시토록 한다. 운암역 사건은 단순한 감정적 싸움을 넘어 민족적 감정이 분출된 것이다. 대맹휴 투쟁 1주년에 일어난 이 사건은 11월 3일 학생독립운동으로 이어지는 디

애국지사 이춘수 묘(대전현충원)

딤돌이 되었다.

1929년 3월, 전남사범학교 졸업생 임종근 등의 제의로 송동식, 강문범, 황상남, 이춘수 등이 모여 매주 사회과학을 공부하는 모임을 결성했다. 이들이 바로 전남사범학교 독서회 회원이다. 1929년 7월 송동식, 이신형, 강달모, 강문범, 이덕우, 신명철, 황상남, 신휴근, 김종화, 이춘수, 이영백, 홍귀주, 김재용, 박노기 등 14명이 수피아여고 뒷산인 양림산에서 독서회를 결성하여 사회과학을 연구하고 비밀엄수를 결의했다.

이후 9월 중순에 광주형무소 뒷산에서 광주고보와 같은 조직으로 개편한다. 송동식을 대표로, 이신형을 조사선전부 위원, 강문범을 조직 교양부 위원, 강달모를 재정부 위원으로 선임했다. 전남사범학교 독서회가 가장 늦게 결성된 이유는 모든 학생이 기숙사 생활을 하여, 일제의 감시망을 피하기 어려웠기 때문이다.

독서회가 장기간 유지된 것은 아니다. 조직 재정비를 위해 광주고보와 농업학교는 9월에, 사범학교는 10월에 해산한다. 하지만 독서회 결성 경험은 강한 조직력을 발휘하는 기반이 되었다. 11월 12일의 제2차 시위는 바로 독서회 회원들이 중심이 되어 전개되었다.

11월 3일 오후 시위에 전남사범학교도 참여했다. 하지만 12일의 시위에는 전남사범학교 학생들이 참여하지 못한다. 당일 학생들이 교문 앞으로 진출하려 했으나, 교사와 경찰의 제지로 좌절되었다. 13일에는 다시 동조 활동 계획을 세우고, 14일에는 교내에서 아침부터 수업을 거부하며 투쟁을 전개한다. 그들은 '구속 학생 석방하라', '식민지 노예교육 철폐하라' 등을 외치며 저항했다. 이 일로 이춘수는 체포되어 징역 1년형의 옥고를 치렀다.

정부에서는 고인의 공훈을 기리어 1990년 건국훈장 애족장을 추서했다.

성진회·무등독서회 조직, 항일운동 전개한
박현채

박현채(朴炫埰, 1924~2013)는 전라남도 영암군 군서면 구림마을에서 태어났다. 구림마을은 역사가 매우 깊은 곳으로 도선국사, 왕인박사 등의 설화가 남아 있는 호남 3대 명촌이다. 명칭에서 보여주듯 여러 전설과 설화가 내려오는 곳으로, 동구림, 서구림, 동계 등 월출산 주변 12개 마을을 품고 있는 광범위한 지역이다. 박현채는 동구림리에서 태어났다.

구림마을은 일제강점기 항일 전통이 강했던 지역이다. 3·1운동이 전국에 퍼질 당시 구림지역은 지역 유지들뿐만 아니라 군서기 등 공무원을 포함한 주민 다수가 시위에 참여했다. 특히 박현채가 졸업한 구림보통학교 졸업생 최기준과 조병식 등은 교정에서 비상 나팔을 불어 학생들과 주민들을 불러 모으는 등 큰 활약을 했다.

1920년대에도 구림마을 출신 학생들이 항일운동에 많은 활동을 했다. 최규창은 1925년 광주고보에 입학한 후 학우들과 비밀결사 단체인 〈성진회(醒進會)〉를 조직했다. 그는 1928년 동맹휴학을 주도하다 8개월간 옥고를 치렀으며, 1929년 광주학생독립운동이 일어나자 체포되어 또다시 20여 개월을 복역했다. 당시 최규창뿐만 아니라 최규성, 최규문, 최상호 등 구림마을 출신 학생들이 함께 활동했다.

한편 광주학생독립운동의 여파가 목포까지 전해지자 목포상업학교 학생으로 현지에서 시위를 이끈 최창호 역시 구림마을 출신이다. 최상호와 최규창은 출소 후 고향으로 돌아와 1930년대 영암군 일대의 비밀결사단체 '영암농민운동협의회'에 참여하는 등, 항일운동에 전념했다.

박현채가 살던 집은 최규창과 최창호의 집에서 멀지 않은 곳에 있었다. 자라는 동안 그는 마을 출신 항일운동가들 이야기를 자연스럽게 접했다. 지역사회에서 활동하던 학생 출신 항일운동가의 행적은 그의 항일사상 형성에 영향을 주었다.

항일의식이 투철했던 박현채는 1943년 3월 광주사범학교 심상과 3학년 재학 중 옥대호, 조규학 등과 의기투합하여 〈무등독서회〉를 조직했다. 그는 학우들과 주기적인 독서 모임을 마련했다. 독서회 회원들은 모임 자리에서 김구 등 독립운동가에 대해 토론하며 항일독립정신을 키워갔다. 은밀하게 독립을 촉구하는 대자보를 만들어 거리에 붙이기도 했다. 1945년 5월 21일에는 학도지원병 반대, 창씨개명 반대, 일본어 사용 반대, 징병제 반대 등을 주장하며 일제히 동맹휴학을 전개하기도 했다. 특히 일제의 강제노역에 대항하여 태업 운동을 전개했으며, 태극기를 몰래 만들어 나눠 갖기도 했다.

박현채의 이러한 활동은 임시정부와 교감한 것으로, 광복군이 국내에 진격했을 때 호응하기 위한 학생운동 단체를 정비하려는 목적 아래 이루어진 것이었다. 그러던 중 1944년 박현채는 조직이 발각되면서 경찰에 체포되어 미결수로 10개월간 모진 고문을 받으며 옥고를

박현채의 묘

치렀다. 다행히 재판에 넘겨지기 전 일제가 패망하여 박현채는 출옥할 수 있었다. 이후 그는 해방 이후 어수선한 광주 치안을 위해 봉사하다 고문 후유증으로 고향에서 요양 후 복학했다.

박현채는 1946년 광주사범학교 졸업 후 모교인 영암 구림국민학교에서 첫 교직생활을 시작했다. 이후 목포 유달국민학교, 광주사범학교 부속국민학교, 전남대학교 병설 교육대학부속국민학교 등에서 학생들을 가르쳤다. 1967년에는 교감으로 승진하여 광주북국민학교에서 근무했고, 2년 후에는 곡성교육청 장학사로 임명되었다. 광주교육청 장학사를 거쳐 금천남국민학교 교장이 되었으며, 전라남도 교육위원회 장학사, 목포동국민학교 교장을 역임했다.

교직에 몸담은 동안 그는 학습지도안지침서, 교생실습지침서 제작 등에 참여하여 후배 양성에 이바지했다. 학생들을 위한 마음씀씀이가 매우 컸던 그는 교장 재직 당시 학생들이 열악한 교육시설에서 배움에 어려움을 겪자, 사재 5백만 원을 들여 국기 게양대, 간이온실, 자연

관찰원, 수중 관찰 어류 등을 사들여 기증했다. 1980년대 대기업 사원 월급이 100만 원이 넘지 않았던 것을 감안하면 매우 큰 금액을 학생들을 위해 아낌없이 쏟은 것이다. 그뿐만 아니라 지역사회에서 학교의 역할을 중요하게 여겨 어머니 서예교실 개설 등 학부모 교육 행사에 관심을 기울였다.

이처럼 한평생 교육을 위해 열정을 다한 그는 1989년 44년의 교직 생활을 마치고 퇴임했다. 그의 독립운동 행적이 알려진 것은 퇴임 이후로, 1996년이 되어서야 독립운동을 인정하는 표창을 받았다. 이후 독립유공자로 노년을 보내다 2013년 광주 보훈병원에서 생을 마감했다.

노동자와 함께한 진보적 민족주의자
조극환

조극환(曺克煥, 1887~1966)은 영암군 영암면 교동리에서 창녕 조씨인 아버지 조병헌과 어머니 김금옥의 5남 1녀 중 둘째로 태어났다. 그의 집안은 영안 읍내에서 향리를 지낸, 비교적 윤택한 집안이다.

조극환은 1908년경 한성사범학교를 마친 뒤 영암에 내려와 영암보통학교에서 잠시 교편을 잡았다. 일찍 신식 교육을 받아서인지 1910년대부터 송내호·이항발 등이 주도한 비밀결사 조직 '수의위친계'에 참여했다. 같은 시기 호남학회에 가입해 계몽운동에도 참여했다.

1919년 3·1운동이 일어나자 조극환은 영암 지역에서 만세시위를 주도했다. 3월 11일 영암 장날에 거사를 계획했으나 사전에 발각되어 실패했다. 하지만 그는 이에 굴하지 않고 최민섭·박규상 등과 연락하여 4월 10일 영암읍 장날에 거사를 성공시켰다. 이날 조극환은 군중에게 독립운동을 독려하는 연설을 하는 등 주도적 역할을 했다. 그는 주동자로 검거되어 1919년 5월 15일 광주지방법원 장흥지청에서 관련자 중 최고형인 징역 2년을 선고받았다. 통감부 시기의 계몽운동과 1910년대의 '수의위친계' 활동과 3·1운동을 거치면서 조극환은 영암

의 대표적 민족운동가로 성
장했다.

1924년경 당시 전남의 중
심 도시 목포로 이사한 후 목
포 지역 청년운동과 노동·농
민운동에 매진했다. '목포청
년회'에 가입하여 활동하면
서 사회주의적 성향이 강한

수형자로서의 조극환(일본 측 기록사진)

회원들과 '무산청년회'를 조직했다. 그 후 무산청년회를 기반으로 서
울청년회 계열의 10여 개 청년 단체가 연합한 전남청년회를 발기하고
준비위원으로 피선되었다. 그는 강진과 장흥 지방을 순회하면서 청년
단체들의 참가를 권유했다.

이 시기 조극환의 활동상으로 알려진 것은 1920년대 중반경 목포
부두노조를 결성하고 지도한 것과, 일제하 전남지역 최대의 파업 투
쟁으로 알려진 1926년 1월 목포 제유노조 파업 때 목포노동총동맹 대
표 자격으로 벌인 활동이다. 이 때문에 1926년 3월 27일 경찰이 파업
을 무력으로 진압하고 파업 핵심인사 17명을 구속했을 때, 조극환은
구속되어 고초를 겪었다.

또한 1927년 2월 신간회가 창립되자 조극환은 신간회 목포지회에
서 상무 간사를 맡게 되는데(1927. 6. 18), 이 역시 신간회 각 지회를 장
악한다는 조선공산당의 정책에 따른 행동이었다. 그런데 목포 지역
사회운동가들 사이에는 파벌대립으로 인한 상당한 갈등이 있었으며,
그 후 목포 지역 신간회운동, 노동운동이 침체되는 원인이 되었다.

1934년 조극환은 동아일보 편집국장 김준연의 주선으로 동아일보
진도지국장을 맡아 그곳에서 약 5년 정도 머무르게 되었다. 이때 일경

영암 3·1운동 기념비

의 삼엄한 감시로 이렇다 할 활동을 할 수 없는 처지였다. 1930년 후반 목포 죽교동으로 거처를 옮긴 그는 1940년대 초 영암군 군서면 이화정 마을로 이사하여 일제 말기를 보내고 있었다.

영암에서 해방을 맞이한 그는 활동을 재개했다. 영암군 건국준비위원회 조직을 주도해 8월 22일 영암 건준을 결성했다. 그는 일제하의 운동 경력과 지역에서의 명망을 배경으로 건국준비위원회 위원장에 선출되었다.

그러나 1945년 10월 26일 미군이 영암에 진주하면서 사정은 급변했다. 인민공화국의 입장이나 정책은 미군의 정책과 정면으로 배치되는 것이었으며, 영암 인민 역시 미군정의 정책에 정면으로 반대했다. 이에 미군 측은 1946년 1월 13일 인민 간부 13명을 구속하여 목포형무소에 송치하고 말았다. 그리고 1월 30일 이들은 군정재판에서 징역 3년형을 선고받았다. 조극환과 조사원(조극환의 사촌), 김준경 3명은 이후 약 1년간 수형생활을 했다.

조극환은 이후 정치와 손을 끊고 이화정에 은거하며 자서전을 집필했다. 그러나 그의 자서전은 친일파들의 행적을 기록했다는 사실이 알려지면서 경찰에 압수되었고, 한국전쟁 당시 영암경찰서가 불타면서 소실되고 말았다. 그는 이후 이화정에서 계속 생활하다가 광주를 거쳐 서울로 이사하여 1966년 생을 마감했다.

　　1970년대 후반 그는 독립유공자로 선정되어 대통령 표창을 받았고, 1987년 대전 국립묘지로 이장되었다. 1990년에는 건국훈장 애족장을 받았다.

영암 3·1운동을 주도한
박규상

　영암은 광주·나주·목포에서 장흥·강진·해남·완도를 연결하는 교통의 요지이며, 서호·도포·시종 등 서해 연변 각 면에서는 해산물이 풍부하여 생활·문화 수준이 높은 곳이다. 따라서 3·1운동에서도 일찍부터 소식이 전해지고 또 진작부터 군내에서 유지 인사들의 움직임이 있었다.

　읍내 지사 조극환 등이 주동이 되어 3월 11일 영암읍 장날을 기회로, 보통학교 생도와 민중들을 동원하는 만세 운동 계획을 세웠다. 그러나 일본 경찰에 정보가 발각되어 수사와 감시가 심했기 때문에 일부 생도·군중이 만세시위에 나섰다가 곧 해산당하고 말았다. 3월 20일에도 몇 곳에서 밤에 산 위에 불을 피우고 만세를 불렀지만, 적의 무력에 의하여 모두 산발적인 운동에 그칠 수밖에 없었다. 그러나 지방 인사들의 의지와 기개는 꺾이지 않았다. 그중에서 구림의 박규상이 대표적이었다.

　박규상(朴奎相, 1893~1921)은 영암군 군서면 서구림리 391번지가 본

박규상 기적비

회사정

적으로, 1919년 경성약학전문학교의 전신인 조선약학교에 다니던 중 서울에서 일어난 3·1운동에 참여했다. 이후 고향 영암으로 돌아올 때 「독립 선언문」과 태극기 등을 가지고 가서 주민들의 독립의식을 고취했다.

3·1운동의 열기가 전국적으로 불타오르던 무렵, 영암에서는 1919년 3월 11일 조극환이 주동이 되어 보통학교 학생과 주민들을 모아 독립 만세시위를 일으켰다. 그러나 일본 군경에게 미리 탐지되어 감시가 강화되었고, 그로 인해 산발적인 독립 만세시위가 일어나더라도 일제의 무력 탄압으로 곧 중단되었다.

박규상은 조극환, 최민섭 등과 연락을 취하면서 영암 장날인 4월 10일 오전 9시를 기하여 구림리와 읍내에서 동시에 독립 만세시위를 일으키기로 결의했다. 박규상 등은 구림리 간죽정(間竹亭)을 임시 연락 본부로 정하고, 당시 영암보통학교 학생 김봉근·김영언·유인봉·이종구·이지봉·천병권·진봉재·박종련·채동팔 등으로 하여금 군서면 면서기 김재홍과 최민섭이 면사무소에서 몰래 등사한 태극기 50여 매, 「독립 선언문」 600여 매, 『독립신문』 500여 매, 「독립가」 100여 매를 배포하게 했다.

1919년 4월 10일 오전 9시, 박규상은 회사정 광장에 모인 시위 군중에게 태극기와 유인물을 나누어 주며 시위 군중의 선두로 나아가 독립선언서를 낭독하고 독립 만세를 외쳤다. 이어 1천여 명으로 늘어난 시위 군중과 읍내 중심가로 행진하다 체포되었다.

박규상은 그해 6월 27일 대구 복심 법원에서 징역 1년 6월형을 받아 옥고를 치르다가 고문으로 인한 병세 악화로 보석되었다. 하지만 귀향길에 멀리 영산강 배 가운데서 곁에 있는 자녀들에게 "구림이 보이느냐."는 한마디 말을 남기고 불귀의 객이 되어 듣는 이들의 가슴을 아프게 하기도 했다. 월출산이 바라보이는 영산강 배 안에서 순국했다.

2019년 박규상은 모교인 서울대학교 약학대학에서 명예 졸업장을 받았다. 대한민국 정부는 박규상의 공훈을 기려 1980년에 대통령 표창을, 1991년에 건국훈장 애국장을 추서했다.

당시 3·1운동은 지역민들만이 아니라 구림보통학교 학생들도 참여했다. 나라사랑 정신이 어린 학생에게도 함께한 것이다. 구국정신과 나라사랑 정신은 깨어있는 어른들의 솔선수범이 어린이, 청년들에게 끼친 영향이 지대했음을 보여준다. 오랜 역사와 전통의 대동정신이 면면히 이어오고, 그것을 지키려는 영암의 충혼과 선양 사업은 매우 시사적이며 의미 있는 일이다.

함평 3·1만세운동의 주역
이인행

　삼역(三亦) 이인행(李仁行, 1898~1975)은 1898년 함평 나산면 초포리에서 태어났다. 1919년 서울에서 독립선언문 선포식에 참여하여 독립만세를 외치다 종로경찰서에 연행되어 심한 고문을 받고 석방되었다. 그길로 이인행은 함평으로 내려와 문장 장날 4·8 독립 만세운동을 주도했다.

　함평 지역에서는 4월 1일 학다리 역전, 2일에는 나산면사무소 앞, 3일에는 손불, 5일에는 엄다에서 산에 봉화를 피우는 투쟁 형식의 만세운동이 있었으나 위력을 보이지는 못했다. 만세운동이 본격화된 것은 1919년 4월 8일, 이듬해 1920년 3월 26일 함평읍 시위에서 비롯했다. 함평은 영광과 함께 동학농민운동과 의병 운동이 활발하게 벌어진 지역이다. 호남 제일의 의병장으로 일컬어지는 심남일이 함평 월야 출신이기도 했고, 김태원·김율 형제 등이 성장한 곳이다. 의병의 세가 강한 곳답게 일제도 함평을 가만두지 않았다. 함평에 헌병주재소를 두어 호남 어느 지역보다 감시를 철저히 했다.

　일제의 감시에도 불구하고 함평 3·1운동은 3월 중순부터 차근차근

준비가 이뤄지고 있었다. 결국 4월 8일이 되어서야 월야에서 만세운동이 일어나게 된다. 이 과정에서 큰 역할을 한 사람이 함평 사람 이인행이다. 이인행이 문장 사람 이윤상과 월야 사람들을 만나면서 월야에서 만세운동 계획이 본격화되었다.

이인행

월야 출신 청년 김기택이 앞장서서 동료들과 주도하여 4월 8일 월야 문장 장날 시위를 하기로 모의했다. 그는 한문서당 '낙영재'에 모여 1,600여 매의 태극기와 격문을 제작하는 등 비밀리에 만세운동을 준비하고 있었다.

4월 8일 거사 당일이 되자 김기택과 동료 정용섭이 앞장서며 장날에 모인 민중이 시위에 동참할 수 있게 "대한독립 만세"를 외쳐댔다. 민중은 김기택 일행들에게 모여들어 수백 명의 군중을 이루었으며, 시위 열기는 시간이 지날수록 고조되어 갔다. 수백여 명의 함성은 월야를 가득 메웠으며, 행진은 어느새 일본군 헌병분견소에까지 다다르게 되었다.

이때 헌병들뿐만 아니라 주위에서 근무하고 있던 일본인 근로자들까지 합세하여 쇠망치로 시위대를 공격하기도 했으며, 죽창을 갖고 있던 시위대와 마찰을 빚게 되어 인명사고가 벌어지기도 했다. 하늘에 치솟는 듯한 시위 열기를 함평 헌병분견소의 병력만으로 제압하기는 쉽지 않았다. 주위 지역 일본군들이 지원을 보낸 후에야 함평의 시위는 진압될 수 있었다. 4월 10일 만세운동에서 24명이 체포되었다.

이인행은 대한민국임시정부의 특파원인 기산도, 김종택과 함께 임시정부를 지원하기 위해 독립운동자금 모금 활동을 펴던 중 일본 경

국사재(전남 함평군 나사면)

찰에 적발돼 2년 4개월간 옥고를 치렀다.

4·8 독립 만세운동 이후 이인행은 함평민립학교 설립지부장, 함평 신간회 나산분회장을 역임했고, 함평나산학교 설립, 청년운동·농민운동을 지원하는 등, 민중 교육을 위해 투쟁하다 1975년 타계했다.

이인행의 애국충절 정신은 임종이 임박하기 전 남긴 시 「임종유필」에 잘 나타나 있다.

정치가는 정의로운 일로 남과 북의 상잔(相殘)을 막는 것입니다. 5천만 민족이 서로 투쟁함은 부끄러운 것입니다. 서로 배려하는 마음이 있어야 합니다. 나의 마지막 소망의 글입니다. 저를 지켜보았던 지인과 가족과 친구 모두에게 전하는 소망입니다.

함평 국사재(國思齋)는 광주 유림(儒林)에서 이인행의 깊은 뜻을 기리는 사우(祠宇)다. 이인행은 이곳에서 태어나고 자라서 독립운동에 헌신했고, 광복 후에는 통일을 염원하며 애국애족의 마음을 한시도 저버린 적 없이 살다가 타계했다.

　대한민국 정부는 1990년 이인행에게 건국훈장 애족장을 추서했다.

구국정신 계승한
유상설

유상설(柳相卨, 1890~1943)은 전남 장성군 북이면 모현리 출신이다. 장성 지역은 전라북도 고창·정읍·순창군과 접해 있으며, 광주와도 인접하여 남북 간 교통 연락이 활발한 지방이었다. 서울에서 3·1운동이 시작되자 정읍·순창 등지 천도교인들을 통해 소식이 전해졌으며, 광주에서는 송흥진이 서신을 보내 참여를 촉구하기도 했다.

그 영향으로 삼서면 출신 청년 송주일은 3월 10일 마을 예배당에서 신도들과 만세를 외쳤으며, 삼계면 출신 김응현은 3월 10일 광주읍에서 만세운동에 참여하고 돌아와서 같은 마을의 정길언·임춘렬·나상철 등과 장성에서 만세운동을 일으킬 것을 계획했다. 하지만 헌병대의 진압으로 해산하지 않을 수 없었다.

이후 4월 3~4일, 북이면 모현리 주민들이 대대적인 시위를 일으켰다. 모현리 만세운동은 짧은 준비 기간에 비해 규모가 매우 컸으며 조직적으로 전개되었다. 4월 3일 저녁 유상설은 신경식·유상순·고용석·정병모 등 마을 유지들에게 파리강화회의 내용을 알려주며 4월 4일 사가리 장날 만세운동을 제의했고, 참석한 5명 모두 이에 찬성했다.

이들은 고용석이 제작한 '대한독립기'가 적힌 대형 태극기를 들고 대한독립 만세를 외치며 마을을 돌았고, 많은 이들이 이에 호응했다. 약 200명으로 늘어난 군중은 독립 만세를 소리 높여 외치고 자진 해산했다. 이 소식을 들은 인근 사가리 주재 헌병들에 의해 주동자 격인 유상설·고용석·유상학·신종식 등이 체포되었다.

유상설

다음날 정병모·신태식·신상우·유상순·신국홍·신경식 등이 계획대로 마을 주민 오상구·박광우 등 200여 명과 '대한독립기'를 들고 만세 시위를 진행했다. 이들은 헌병주재소에 가서 체포된 이들의 석방을 요구하며 헌병들을 당황하게 했다. 결국 이를 진압하기 위한 장성 헌병대의 무력으로 정병모·신태식·신상우·신국홍·유상순·오상구·박광우 등 8명이 체포되고, 많은 부상자가 발생했다.

장성 시위를 대표하는 모현리 주민들의 시위가 짧은 기간 내에 조직적으로 전개될 수 있었던 것은 장성이 한말 의병 항쟁의 중심지라는 역사적 현장이었다는 점에 기인한다. 모현리 시위에 참여한 지사 대부분이 30~50대의 중장년층인 것으로 보아 당시 움직임이 구한말 의병 전쟁과 직간접적으로 관련되었음을 알 수 있다. 당시 모현리 주민의 대부분이던 문화 유씨, 고령 신씨 등의 세력들이 강한 공동체를 유지하고 있던 점도 영향을 미쳤다.

다른 지역과 달리 학생들이 시위에 영향을 끼친 흔적을 찾아볼 수 없는 것으로 보아 만세 시위에서 재지 세력의 주도성을 엿볼 수 있다

장성 삼일사(장성군 북이면 모현리)

는 점에서 큰 의미가 있다. 현재 모현리에는 3·1만세 운동에 참여했던 13인의 후손들이 그들의 위패를 모시기 위해 1989년 세운 사우 삼일사(三一祠)가 있다.

유상설은 심문 과정에서 "본인은 조선 민족 중의 한 농민으로 시골에 묻혀 있어서 세상일을 잘 모른다. 그러나 타고난 양심은 다른 사람과 다를 것이 없으며 나라에 대한 의리도 대강 짐작한다. 지금 민족이 평화회의를 열고 민족자결을 행하여 조선도 독립할 희망이 있다는 말을 들으니 양심이 발동하여 기쁜 마음에 잠시 조선 독립 만세를 불렀다. 사실인즉 자기 나라의 독립을 축원한 것뿐인데 이것이 왜 죄가 되느냐?"라며 당당한 면모를 보였다.

결국 그는 징역 1년 6개월형이 확정되어 옥고를 치렀다. 정부는 고인의 공훈을 기리어 1990년에 건국훈장 애족장(1980년 대통령 표창)을 추서했다.

2부

담양

곡성

구례

순천

광양

여수

3·1운동에서 건국운동의 거목
송진우

송진우(宋鎭禹, 1890~1945)는 담양 금성면 대곡리에서 태어났다. 호는 고하(古下)다. 송진우는 항일운동과 교육자로서 큰 궤적을 남겼다. 중앙학교 터를 닦고 학생들을 가르치며 교육 광복을 다짐했다. 그는 일제강점기의 시대적 울분과 좌절을 속죄하는 마음으로 교육을 통해 극복하고자 했다.

고하는 제자들에게 강연할 때 비장한 심정과 태도로 열변을 토하곤 했다.

> "불행하게도 제군들은 나라가 망한 세대에 태어났다. 그러나 바꾸어 생각하면 제군들은 참 좋은 세대에 태어났다고 할 수 있다. 그것은 제군은 진실로 산 보람을 느낄 수 있는 세상에 태어났다는 뜻이다. …(중략)… 제군은 평범한 안일과 행복을 바라는가, 그렇지 않으면 위대한 생을 바라는가."

이렇게 시대적 소명의식 속에 민족의식을 고취시키며 제자들을 가르쳤다. 그는 학생들과 동고동락하면서 중앙 교사를 짓기도 했으며, 유한흥국의 정신으로 무한 봉사하면서 민족주의자의 면모로 학생들을 독려하고 항일을 실천하면서 열성적으로 활동했다.

고하는 민족불멸론에 입각하여 삼성사 건립운동을 추진하여 단군·세종대왕·이순신 삼성을 모시는 사당을 서울 남산에 세우는 활동을 했지만 일제의 방해로 끝내 뜻을 이루지 못했다.

또한 안창호의 무실역행론의 실천적인 교육으로 사제제일주의 학교를 경영했다. 국내외 정세를 면밀히 검토하면서 민족해방의 기회를 엿보며 민족일가주의로 중앙의 틀을 가꾸고 이끌어 갔다.

언론인으로서 고하는 3·1운동 좌절 후 국내 지도층 사이에서 독립운동 전략을 새로이 모색했다. 문화적 민족주의로 조선 사회를 근대화시키고 민족의 역량을 키우는 것이 조국 광복의 기초라고 생각하며 민족적 재생과 개혁을 통해 독립을 달성하려 했다.

그는 민족주의·민주주의·문화주의를 표방하며 동아일보사의 몇 차례 사장으로 재임하면서 '재외동포 위문 전조선 순회 환영 강연회', '안창남 고국 방문 대비행', '조선민립대학 설립운동', '물산장려운동' 등을 펼치며 합법적으로 자강적 민족운동을 전개했다.

한편 고하는 1913년 노벨문학상을 받은 인도의 시성 타고르의 작품을 주요한 번역으로 동아일보(1929년 4월 3일자)에 게재했다. 간디의 스승이기도 했던 타고르는 3·1운동의 감명을 잊지 못해 조선 백성을 격려하는 글을 발표했다. 이후 동아일보는 다시 미국의 《네이션》지 사건으로 무기 정간당한 후 속간되자 "조선의 노래"를 공모했다. "백두산 뻗어나려 반도 삼천리, 무궁화 이 동산에 역사 반만년, 대대로 예사는 우리 이천만, 복되도다 그 이름 조선이로세"(1931.1.27.)라는 노랫말은 일제강점기에 애창되었는데, 해방 후에도 '제2의 애국가'로 널리 불렸다.

1930년 이후 일제는 군국주의적 침략 전쟁을 일삼으며 우리 민족을 더욱 탄압하면서 말살정책을 폈다. 이에 '충무공 유적보전 운동', '브나로드 운동' 등 동아일보를 통해 문화민족운동을 전개했다.

송진우

한편 1936년 제11회 베를린 올림픽 대회에서 마라톤 1위를 한 손기정 선수의 가슴에서 일장기를 지워버린 일장기 말소 사건이 일어났다. 이는 조선 언론사를 언급하면 반드시 짚고 넘어가야 할 중요한 사건으로, 동아일보는 무기 정간을 당했다.

1945년 8월 15일 마침내 한반도의 광복이 다가왔으나 불행히도 분단의 대립이 시작되었다. 이에 해방 후 좌익 세력이 건준을 중심으로 결집되는 상황에서 임정봉대론을 표방하며 애국지사들의 환국을 기다렸다. 이러한 고하 진영과 건준 사이의 간극은 미군의 남한 점령을 계기로 도저

『고하 송진우와 민족운동』 표지

히 메울 수 없는 상태로 굳어지게 되었다. 건준은 소위 조선인민공화국(약칭 인공)을 선포하고, 고하 및 그 세력은 국민대회준비회를 결성하고 한국민주당(약칭 한민당)을 창당했다. 그는 수석 총무를 맡아 사실상 당수 역할을 했다.

한편 미국이 북위 38도선 이남에 군정을 실시하자, 고하는 한민당과 미군정의 제휴를 성립시켜 반공의 기치를 내세웠다. 따라서 인공

과의 관계는 대립의 골이 깊어져 갈등과 반목이 증폭되는 계기가 되었다. 이 무렵 모스크바에서는 카이로 및 포츠담 선언을 통해 미·영·소 외상의 회담이 열려 한반도를 5년 동안 신탁통치하기로 결정했다. 좌·우익을 가리지 않고 반탁을 외치던 당대 정치 지도자들은 곧 분열하여 좌익은 모스크바 합의를 지지하고 우익은 반탁을 외쳤다. 이에 고하는 반탁 입장을 밝히며 전개 방법에 신중하게 접근해 시국을 원만히 수습하려고 했다. 그러나 우익 진영에서는 이를 친탁으로 오해하여 김구가 머물렀던 경교장에서 이에 대한 격론을 벌였다. 이러한 상황에서 세심하고 주도면밀한 성격이었지만 호방한 고하는 주위의 경호 요청을 뿌리치다가 결국 암살당했다.

1963년, 정부는 그에게 대한민국 독립장을 서훈했다.

단군숭모운동과 독립만세운동을 주도한
신태윤

    신태윤(申泰允, 1884~1961)은 1884년 6월 15일 담양군 남면 외동리에서 태어났다. 의관 신석용의 2남으로 호는 백당(白堂)이다. 백당의 청소년기에 창평에는 신식 교육의 요람인 창흥의숙(昌興義塾, 현 창평초등학교)이 설립되었다. 한학을 배우던 백당은 창흥의숙이 세워지자 곧바로 입학하여 첫 번째 학생이 되었다. 창흥의숙에 다닐 때 백당은 이미 20세가 넘어선 때였다. 그러나 상당한 수준의 한학을 배운 터였기에 창흥의숙을 1년 정도 다니다 광주로 가서 상급학교에서 공부하게 되었다.

    그는 광주농업학교로 진학했다. 이곳에서 학업을 마치고 서울로 올라가 관립 한성사범학교에 들어갔다. 당시 한성사범학교에는 주시경, 어윤적, 이능화 등의 애국지사가 강의를 하여 백당은 이들의 국어운동과 애국운동에 감명을 받았다. 주시경, 어윤적 등은 학부 산하에 국문연구소를 만들고 외부인을 위한 계몽단체인 조선어 강습원을 이끌면서 애국운동을 벌이고 있었다.

    백당이 사범학교 시절 특기할 만한 점은 후에 단군 숭모 정신으로 일관한 단군교와 관계를 맺게 된 것이다. 단군교의 교단 지도부는 나

신태윤

철, 오기호, 이기 등 대부분 호남 우국지사들이었다.

1908년 한성사범학교를 졸업한 백당은 이듬해 1909년 곡성보통학교 훈도로 취임했다. 백당 일가는 창평 인근의 남면 외동리에서 곡성 오지리로 이사했다.

훈도 생활을 시작하고 1년 만에 나라를 잃게 되자 백당은 국운을 회복하기 위해 민족정기를 바로 잡아야 한다는 일념으로 단군숭모운동을 추진하기 시작했다. 1914년, 현재 곡성초등학교 인근인 삼인동에 단군전을 건립했다. 겉으로는 선조의 사당을 세우고 몰래 단군의 "단소홍성제"의 위패를 모신 것이다.

백당은 단군숭모운동을 기반으로 3·1독립만세운동을 일으킬 수 있었다. 곡성의 만세운동은 장날인 3월 24일에 일어났다. 정래성, 김중호, 양성만, 박수창, 김경석, 김기섭, 김봉수, 정용태, 오종태, 임낙기, 김경택 등 곡성 군민과 많은 학생이 맹렬한 기세로 총궐기했다. 호남에서는 보기 드물 정도로 대규모 만세운동이었다. 이때 많은 인원을 동원하는 총책임은 백당이, 태극기 제작과 배포는 정래성이 맡았다.

백당은 5월 13일 광주지방법원에서 징역 2년을 선고받았으며, 그해 6월 18일 대구복심법원에서 징역 2년을 선고받았다. 동년 8월 18일 경성고등법원에서 징역 2년을 확정받고 대구형무소에 이감되었다. 2년을 선고받았지만 미결 기간까지 합하면 3년 넘게 구속된 몸이 되었다. 이때 가산은 전부 몰수되고 10년간 자격을 박탈당했다.

대구교도소에서 2년 형량을 만기 출소한 백당은 곡성에서 더 이상 활동할 수 없었다. 1923년 서울로 이사하여 사립 장훈학교에 취직하여 호구지책을 마련했다. 장훈학교에 근무하면서 1924년, 전부터 준비하여 교도소에서 탈고했던 배달겨레의 역사를 『정사(正史)』로 펴냈다. 그러나 일본 경찰은 책을 압수하고 판매를 금지시켰다. 이 책은 단군의 역사적 실재를 증명하기 위해 집필한 것이며, 단군이 한반도를 넘어 만주까지 차지했던 영역으로 기록했다. 또한 만주에서의 웅대한 단군의 실재는 고구려에 계승되었으며 고구려는 웅대한 국력을 자랑하는 제국

백당 신태윤 선생 상

이었다고 했다. '단군-고구려-고려-조선'으로 우리나라의 역사 흐름을 정리한 것이다. 그리고 1925년에는 대종교 교리에 관한 책 『삼일신고강의』를 저술했다.

1929년 백당은 10년 만에 곡성으로 돌아와 단군숭모운동을 했다. 옛 동지들을 규합하여 삼인동 소재의 단군전을 곡성읍 봉황대로 이전, 중창했다. 그래서 평양의 단군전과 함께 일제강점기의 대표적 단군 신전이 될 수 있었다. 그리고 국사연구에 몰두했다. 1935년 『삼국사기』와 『삼국유사』, 다시 『정사』를 자비 출간했다.

1945년 8월 광복이 되자 백당은 곡성군 건국준비위원장으로 추대되었다. 새로이 단군전봉양회와 단군성조보본회를 조직하여 곡성군민이 참여할 수 있게 했다. 해방 첫해 개천절은 모든 군민이 참석한 가운데 거행되었다. 광복을 되찾은 조국에서 민족정기를 더욱 선양하고 인재를 양성하고자 했다. 민족주체성과 자아의식을 고취시키는 교육

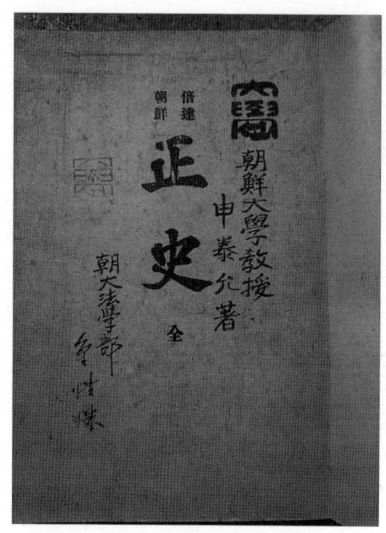

신태윤 저서 『정사(正史)』 표지

운동에 매진한 것이다.

1969년 곡성 군민은 선생의 의절을 기려 단군전 경내에 '백당선생 의적비'를 세웠다. 1978년에는 곡성 군민과 유림과 유지들이 단군전 경내에 '삼일운동기념비'를 세웠다.

1977년 대한민국 정부는 그에게 건국포상을 추서했고, 1991년에 독립유공자로서 대한민국 건국훈장 애국장을 서훈했다.

담양 곡성 구례 순천 광양 여수

농촌계몽 건아단의 핵심 인물
고재천

고경명의 아들 고인후가 창평으로 장가들면서 창평이 고씨 문중마을로 변하게 된다. 위국충절의 집안 후손인 고재천(高在千, 1905~1981)은 창평에서 태어나 수원고등농림학교(수원고농)에 진학한다. 수원고등농림학교에 재학 중이던 1926년 여름에 그는 10여 명과 학교 뒷산인 여기산(麗妓山)에 모였다.

이들은 대부분이 농민인 나라에서 농민들이 깨어나지 않으면 안 된다는 생각에 서로의 의견을 모았으며, 농민 대중을 깨우쳐 새로운 사회를 건설하겠다는 목표를 세웠다. 그래서 만든 조직이 건아단(健兒團)이다. 집안이 임진왜란 의병장에서 한말 의병장으로 내려오는 항일투쟁의 피를 이어받았기에 고재천에게는 당연한 것이었다.

고재천은 농민 계몽과 농촌사회 개발이 독립운동의 기초가 된다고 생각했다. 학교에서 배운 전문지식을 바탕으로 농민을 계몽 지도하는 데 온 힘을 쏟았다. 수원군 안룡면 고견리를 비롯한 수원 부근 여러 마을에 농민야학을 설립했다. 이들은 민족의식을 고취하기 위해 단군연호를 사용하기도 했다. 또한 농민들에 대한 강의를 통해 단원들의

고재천

결속력을 다지며 교양도 쌓아갔다.

1927년 9월, 고재천을 비롯한 건아단원들은 수학여행을 떠났다. 이들은 강원도 등지에서 대규모 일본인 농장을 보았다. 토지조사사업을 통해 우리 땅을 강제로 빼앗은 땅에 대규모 농장을 건설한 것이다. 건아단원들은 식민지 국민의 아픔을 뼈저리게 느끼며 분노했다. 한편으로는 민족농장 건설의 꿈을 키우기도 했다.

어떻게 하면 조선의 농업을 발전시킬 것인지 고민하던 건아단은 1928년 6월, 일본 도쿄에 있던 조선농우연맹에 가입했다. 조선농우연맹은 농촌계몽을 위해 지방 강연에 많은 노력을 기울였다. 일제는 이들의 활동을 예의주시했다. 어느 날 지방 강연에 수원고농 학생 한전종이 연사로 참석했다가 무기정학 처분을 당했다. 다행히 건아단은 발각되지 않았다. 하지만 언제 발각될지 알 수 없는 상황이 되자, 조직 명칭을 '계림농흥사'로 바꾸었다.

그러던 중 건아단 출신으로 김해공립농업학교 교사로 근무하던 김성원이 경찰에 검거되었다. 그는 우리말로 출석을 부르는 등 학생들에게 항일의식을 심어주며 건아단의 이상 실현을 위해 노력했다. 1928년 5월 1일 김해읍에서 김성원이 어린이날 축사 사건에 연루되어 주동자 11명이 퇴학 처분을 받고 기소되었는데, 고재천도 그 가운데 한 명이었다.

고재천은 18개월 동안 미결수로 모진 고문을 당하다가 1930년 2월 경성지방법원에서 면소 판결을 받았다. 이에 항의하여 수원고농에 재학 중이던 한국인 학생 44명이 자진 퇴학원을 제출함으로써 저항이

건아단이 조직된 수원고등농림학교(1926)

애국지사 고재천 묘(대전현충원)

더욱 확대되었다. 이 사건은 당시 국내에서 조직된 전문학교급 비밀 결사로서는 최대 규모였다.

고재천은 1945년 강진농업고등학교 교감에 취임하면서 교직에 첫 발을 내딛었다. 그리고 1951년 전남대학교가 세워지면서 농과대학 교수와 학장에 취임했다. 1980년에는 대통령 표창을 받았다.

정부에서는 고인의 공훈을 기리기 위하여 1990년에 건국훈장 애족장(1980년 대통령 표창)을 추서했다.

그의 유해는 대전 현충원에 모셔져 있다. 그의 묘비에는 다음과 같이 쓰여 있다.

"일제의 폭거에 항거하여 젊음을 불태웠고 후학 교육에 평생을 바쳤다. 불의를 향한 분노는 종교보다 거룩했고 후학 사랑은 바다보다 깊었다. 역경 속에 안빈낙도했고 작은 일에도 충성하라 가르쳤다. 덕치의 교육은 만산계곡 초목들에 전하는 봄볕과도 같았다."

대맹휴 투쟁의 주역
고인석

고인석(高麟錫, 1909~1997)은 담양 창평 출신이다. 역시 임진왜란 의병장 고인후의 후손이다. 고재천과 마찬가지로 임진왜란 의병에서 한말 의병까지 집안 내력을 늘 자랑스럽게 생각하며 성장했다.

1925년 광주고등보통학교(광주제일고등학교)에 입학했고, 그곳에서 일본인 교사들로부터 민족차별의 설움을 피부로 느끼며 항일의식을 키워나갔다.

그러던 중 4학년이던 1928년 6월, 1년 선배인 5학년 이경채 사건이 일어난다. 이로 인해 이경채가 퇴학당하게 되자, 이에 항의하는 동맹휴학 투쟁인 '대맹휴 투쟁'을 전개했다.

1928년 4월, 광주고보 5학년 이경채는 친구인 박병하, 윤해병과 일본 제국주의 타도와 조선의 독립을 주장하는 '선언서'와 '격문'을 인쇄하여 광주 역전 파출소, 광주고보 앞, 송정리 일본 신사 앞 등 10여 군데에 붙이고 도내 각 중학교, 경찰서 등에도 보낸다. 경찰들이 주동자 색출에 나서면서 2개월 후인 6월 8일 이경채가 체포되었다.

학교 측과 대화가 불가능하다고 판단한 학생 대표들은 맹휴투쟁을 결의했다. 졸업반은 맹휴에 가담하지 않는 것이 일반적이었지만, 이경채와 같은 학년인 5학년 학생들도 참여하기로 한다. 1928년 6월 26일 아침, 1학년을 제외한 전교생이 강당에 모여 교장에게 진정서를 제출하고 맹휴투쟁에 돌입했다.

학교는 학생들이 제출한 진정서의 내용을 검토하기는커녕 긴급 직원회의를 열어 27명을 주동자로 퇴학시키고 281명을 무기정학에 처했다. 광주고보의 450여 명 학생 가운데 참여하지 않은 1학년을 제외한 학생 대부분이 처벌받은 셈이다. 학생들의 투쟁 의지는 더욱 강해졌다. 이때 고인석은 4학년 10명 가운데 한 사람으로, 광주고등보통학교에서 퇴학을 당했다.

7월 9일, 일본 유학 중이던 장재성이 급히 귀국했다. 장재성은 귀국한 날 저녁 성진회 회원 최규창, 임주홍, 정우채 등을 모아 맹휴투쟁의 방향을 정했다. 단순히 학교 문제에 그치지 말고 민족적 항일 투쟁으로 승화시키고자 했다. 이튿날인 7월 10일, 학생 대표들은 맹휴중앙본부를 설치하고 학부모에게 지지를 호소하는 격문을 보내 끝까지 투쟁할 것을 다짐했다. 맹휴중앙본부가 주도하면서 맹휴는 더욱 격렬해졌다.

또한 경찰도 본격적으로 개입했다. 학교는 학생들에게 8월 25일까지 "다시는 그러한 행위를 하지 않겠다"는 서약서 제출을 요구했다. 이에 맹휴중앙본부는 학교와 경찰의 압력에 동요를 보이는 학생들에게 '중앙본부 통신경고문'을 보내 경각심을 촉구한다. 치열한 투쟁에도 불구하고 광주고보의 맹휴는 9월 17일 학생들의 등교로 4개월 만에 막을 내렸다.

고인석은 퇴학 후 일제의 예비검속을 피해 서울로 도피하여 경신고보와 보성전문학교를 졸업하고 일본 유학 길에 올랐다. 유학 중에도 항일 지하운동을 하던 그는 중국 상하이로 가서 독립운동에 투신했다.

고인석

해방 전 귀국한 고인석은 1945~1948년 미 군정 시절 '귀속재산 일본청산위원회' 위원장으로 활동했다. 1954년 담양 창평 고등공민학교를 설립하여 20년간 문맹퇴치운동과 국가재건을 위해 후학양성에 매진했다. 1997년 사망했다.

하지만 고인석의 공적은 사후 20여 년이 지난 후에야 비로소 빛을 보게 되었다. 그는 군사독재 정부에서 독립유공자 서훈을 받지 않겠다고 다짐했다. 나라의 독립을 위해 목숨을 걸고 나섰던 항일투쟁이 군사독재정권에서 가치가 퇴색된다는 이유였다.

그의 사후에도 독립유공자 인정까지는 기나긴 세월이 지나야 했다. 진실·화해를 위한 과거사정리위원회와 보훈처는 결정문을 통해 '고인석 선생의 항일독립운동 공적 사실은 뚜렷하나, 도일 이후 행적이 불분명하다'는 이유를 들어 독립유공자 심사에서 각하 결정을 내린 것이다.

보훈처의 각하 결정에 아들의 길고 외로운 싸움이 20여 년 동안 이어졌다. 아들은 국가기록원과 일본대사관·영국대사관·중국 상하이·하와이 등 세계 각국을 전전하며 아버지에 대한 여러 기록을 찾았다. 이런 노력으로 21년 만인 2018년 8월, 마침내 대통령 표창을 추서받았다.

무등독서회 조직하여 독립을 꿈꾼
최정주

최정주(崔鼎周, 1928~2010)는 전라남도 담양군에서 태어났다. 그는 광주사범학교에 진학한 후 1943년 옥대호, 조규학, 박현채 등과 무등독서회에서 활동했다. 그가 독서회를 조직했던 1940년대는 전시체제 속에 대규모 항일운동이 불가능했다. 따라서 이 시기에는 무등독서회 같은 소규모 비밀결사 조직이 항일운동의 중심이었다.

임시정부와 꾸준히 교감을 나눈 무등독서회는 한국광복군의 국내 진격 시 이에 호응하는 봉기를 목표로 활동했다. 이는 당시 항일 세력의 독립운동 방침과 관련이 깊다. 1940년대는 어느 때보다 일제의 탄압이 심했지만, 한편으로는 계속된 전쟁으로 일제의 패망이 가시화되며 항일운동의 희망이 보이던 시기이기도 했다. 이에 독립을 꿈꾸는 사람들은 일제의 패망을 기회로 독립 국가 건설을 실현하려는 방법을 궁리했다. 그 결과 널리 퍼진 방법이 바로 광복군 진격에 호응하는 국내 세력들의 봉기였다.

당시 국내 독립운동 인사들 사이에서는 해외에서 독립군이 국내로 진격하면 민중들도 무장봉기를 일으켜 일제를 함께 몰아낸다는 생각

최정주

최정주 생전 모습(2007)

이 점차 보편화하고 있었다. 해외의 한국광복군 역시 국내에 있는 전 조선인이 일치단결하여 항전할 것을 호소하는 대일 선전포고를 발표하는 등, 추구하는 바가 다르지 않았다. 이런 분위기에서 최정주 역시 무등독서회를 통해 광복군에 호응할 학생운동 세력을 결집하기 위해 동분서주했다.

한편 최정주는 무등독서회 회원들과 이광수의 『흙』, 『이차돈』 등을 읽으며 항일의식을 키워갔다. 이광수는 변절한 친일파지만 당시 뜻있는 학생들 사이에서 그의 책은 필독서였다. 특히 많은 학생이 이광수의 『흙』을 통해 조선인 농민의 열악한 삶을 파악했다.(당시에는 민족운동가 이광수가 변절했다는 사실이 제대로 알려지지 않았다.)

이후 최정주는 독서회 회원들과 강제 근로 동원에 대한 태업, 비밀리에 조국 독립을 호소하는 벽보 제작 등에 참여하다 1944년 일제에 의해 조직이 발각되면서 경찰에 붙잡혔다. 재판받기 전까지 미결수로 복역하며 동료들과 모진 고문을 당했다. 그러다 1945년 일제가 패망하면서 풀려나게 되었고, 이후 광주사범학교에 복학하여 학업을 마쳤다.

1945년 무안 몽탄국민학교에서 교직생활을 시작한 이래로 그는 광주 학강초등학교, 화순 아산국민학교 등에서 근무했다. 이후 1949년 광주의과대학 부설 중등교사 양성소에 입학했다. 광주의대 부설 중등교사 양성소는 전남대학교 사범대학의 전신으로, 당시 의학계열과 관계있던 과학 및 수학 관련 과목 중등교사를 양성하던 기관이다.

이후 중등교사가 된 최정주는 담양중학교, 면성중학교(무안북중학교), 목포공업고등학교를 거쳐 목포 문태중학교에서 근무했다. 교직 후반기에는 문태중학교와 문태고등학교에서 교감을 지냈다. 그는 퇴직 후에도 목포에 터를 잡고 여생을 보내다 2010년 생을 마감했다.

정부는 그의 공을 기려 1996년 대통령 표창을 수여했다.

담양 곡성 구례 순천 광양 여수

광복군 출신 전남도교육감
성동준

성동준(成東準, 1912~1980)은 전남 순천군 소안면 서내리(현 순천시 행동)에서 태어났다. 그는 경성 제1고등보통학교(경기고등학교)를 거쳐 경성법학전문학교를 졸업했다. 이후 일본 규슈대학 법학과에 진학했고, 다시 규슈대학 농경과에 진학했다. 당시 일제는 조선인들을 징용하여 전쟁터에서 노역하게 했는데, 이를 피하기 위해서였다. 하지만 일제는 학도지원병이라는 이름으로 학생들을 강제 동원했다. 그도 결국 1944년에 학병으로 중국에 끌려갔다.

성동준은 일본이 순식간에 항복하여 치욕스럽게 일본군 신분으로 광복을 맞을까 두려웠다. 때문에 기회가 주어질 때마다 주변을 탐문하여 도움을 줄 현지 한국인 동포를 찾았다. 1945년 2월, 학병들은 간부 훈련을 마치고 부대로 돌아가는 틈을 타 실탄과 무기를 챙겨 탈출에 성공했다. 일본군은 많은 현상금을 걸고 추격에 나섰지만 이들을 잡을 수 없었다.

이후 한·중 연합부대는 일본군을 습격하여 무기를 탈취하고 새롭게 중국인 70여 명을 충원했다. 친일 성향의 중국 보안대를 습격하여 20

여 명을 사살하기도 했다. 또한 성동준은 중국 측으로부터 미군이 일본 오키나와에 상륙했으며 소련마저 일본을 공격하고 있어 일본의 패망이 시간문제라는 소식을 들었다. 중국 측은 성동준에게 전쟁터에 나와 있는 일본 병사들에게 알릴 선전문 작성을 부탁했다. 그는 다음과 같은 글을 썼다.

일본군의 일본 사병 제군! 제군의 눈과 귀는 가리워져 있다. 유황도(현 이오 섬)의 일본군은 전멸했고 미군은 오키나와에 상륙했다. 독일의 항복은 눈앞에 다가왔으며 소련도 일본과의 중립 조약을 포기했다. … (중략) … 제군들마저 이 무의미한 죽음의 복종을 거부치 못하고 최후의 발악에 동조한다고 하면은 태평양 여러 섬에서 제군들의 동료가 택한 개죽음의 전멸 외에는 아무것도 남을 것이 없다. 지금이라도 때는 늦지 않다. 집단적으로 항전을 거부하고 투항하여 오기를 인도적 견지에서 권하는 바다.

이 선전문은 상하이와 항저우 일대의 일본군에게 살포되었다. 이후 성동준은 소령 대우를 받는 소교대우관 자격으로 대일 선전 업무를 맡았다. 그뿐만 아니라 중국 동강 지역에서 벌어진 전투에 참여하여 일본군을 격퇴했고, 천태산 방면에서 일본군 부대의 공격을 물리치기도 했다. 이후에도 계속 일본군과의 유격전에 참가하여 공을 세웠다.

성동준은 1945년 8월 15일 일본의 항복으로 광복을 맞이하게 된다. 이때 성동준은 항저우 지역 잠편지대 참모로 활약했다. 이후 광복군의 일원으로 고국으로 돌아왔다. 광복 이후 성동준은 자연스럽게 우익 쪽에 가까운 정치활동을 한 것으로 보인다. 그는 미 군정기에 중용

되었다. 1946년 영암군수를 거쳤으며 이후 나주군수, 전라남도 노동국장 서리를 지냈다. 여수·순천 10·19 사건 직후에는 고향의 상황을 수습하기 위해 순천군수에 임명되었다. 하지만 1961년 5·16군사정변이 일어나자 이승만 정권에서 주요 역할을 했던 그는 공직에서 물러나게 되었다. 그는 순천에 은거하면서 독립운동 수기를 집필했다.

성동준 흉상(전남도교육청 중앙현관 옆)

다시 박정희 정권의 부름을 받은 그는 전라남도 내무부에서 공직생활을 했다. 그의 공직생활은 탄탄대로였다. 1965년 지금의 교육부에 해당하는 문교부 차관이 되었고, 1968년 전라남도 3대 교육감에 임명되었다. 또한 같은 해 정부로부터 독립운동의 공을 인정받아 대통령

한옥글방(전남 순천시 금곡길 28)

표창을 받았다. 전남교육감을 마지막으로 공직생활을 마치고 여생을 보내다 1980년 세상을 떠났다.

1990년 정부는 그의 공을 기려 건국훈장 애족장을 추서했다.

전라남도 순천시 금곡길 28에는 한옥글방이라는 이름의 한옥이 있다. 바로 이곳이 성동준이 태어나고 숨을 거둔 곳이다. 지금도 한옥글방에 가면 성동준을 기리는 안내판을 볼 수 있다. 성동준이 마지막으로 생활했던 전남교육청 역시 역대 교육감 중 독립운동가 출신인 성동준을 기려 도교육청 청사 중앙 현관에 그의 흉상을 만들어 뜻을 기리고 있다.

대전자령전투 승리, 한국독립당 중앙위원
조경한

조경한(趙擎韓, 1900~1993)은 순천시 주암면 한동에서 우곡 조정순(趙廷恂)의 차남으로 태어났다. 본관은 옥천, 호는 백강(白岡), 이명은 안훈(安勳), 조종현 등이다.

지방의 양반 가문에서 태어나 자라며 일찍부터 조부와 부친으로부터 한학을 배웠다. 조부 조병조는 노론계열의 연재 송병선에게 수학하여 부근 향리에서 유림으로 명망이 있었다. 송병선이 1905년 을사늑약에 반대하여 자결하자, 제자인 조부가 대성통곡하며 빈소를 다녀온 것을 조경한은 지켜보았다. 비록 어린 나이였지만 이 일은 뇌리에 깊이 각인되어 '항왜정신'을 인식하는 계기가 되었다.

9세 때인 1909년 9~10월경, 호남지역 의병을 탄압하던 일본군 1개 소대가 마을에 들이닥쳐 조씨 문중의 제각(祭閣)을 점거하고 의병들을 추격하면서 학살을 자행했다. 어린 나이에 이러한 현실을 목도하면서 조경한은 더욱 철저한 항일의식을 갖게 되었다.

그는 3·1운동 이후 유학을 구실로 중국으로 건너갔다. 베이징에 도착한 그는 신채호와 이천민 등이 이끄는 독립운동단체에서 활동하다

조경한(독립기념관)

가 1920년대 후반에 만주로 건너갔다. 만주에서 대종교 계통의 배달청년회와 배신학교에서 활동하는 한편, 한국독립당에도 참여하여 홍진·이청천·신숙 등의 지도로 선전위원장을 맡아 일했다.

1931년 9월 일제가 만주를 침략하자 한국독립당은 군사활동을 강화했다. 당시 조경한은 '유격독립여단'을 이끌고 중국군과 연합하여 약 2년 동안 100여 회의 크고 작은 전투를 벌였는데, 쌍성보·경박호·사도하자·대전자전투에서 크게 승리했다. 특히 대전자전투는 한국 독립군 항전 사상 최대의 전과를 거둔 전투인데도 일반에 별로 알려져 있지 않다. 교과서에서 언급되지 않기 때문이다.

조경한은 그 후 낙양군관학교 한인특별반에서 정훈 교관을 맡아 독립군 간부 양성에 주력했으며, 임시정부 의정원 의원으로 활동했다. 또한 그는 1940년 9월 임정 내 군사조직인 한국광복군 창설을 주도했다. 광복군총사령부 주계장·총무처장 대리, 경리처장 겸 정훈처장 등을 연이어 맡아 광복군 체제 정비에 기여했다.

1941년 10월 한국광복군 제2지대 정훈 조장을 맡아 무장독립운동 활동과 관련 지원 임무에 주력했다. 1943년 3월 임시정부 국무위원회 부비서장, 1944년 2월 국무위원회 국무위원으로 선임되었고, 1944년 3월 한국독립당 중앙상무집행위원, 훈련부장을 맡았다. 그리고 10월 임시정부 국무원 국내공작위원회 위원, 국무위원 등의 요직을 맡아 1945년 8월까지 독립운동에 매진했다.

1945년 12월 1일, 그는 임시정부 요인들과 제2진으로 귀국했다. 조

백강 조경한 선생 추모비

백강 조경한 생가 터(전남 순천시 주암면 한곡리)

경한은 김구의 정치 노선을 따랐다. 해방 직후에는 한국독립당 계열에서 활동하면서 신탁통치 반대운동을 주도했다. 1963년 민주공화당 소속으로 제6대 국회의원에 당선되었다. 1964년 단군숭녕회 총재로 선출되었고, 9월 '백범 김구 선생 시해 진상규명투쟁위원장'을 맡는 등, 다양한 사회활동을 전개했다.

1981년에는 한국독립유공자협회 회장이 되어 헌법 전문에 대한민국이 임시정부의 법통을 계승한다는 조항을 반영하는 데 기여했다.

그러나 이승만 정부가 들어선 이후 점차 그는 과거의 인물이 되어 갔다. 김구 노선을 따랐기에 정치적으로 배제되고 소외된 그를 기억하지 못하는 현실이 야속할 뿐이다. 그는 1993년 1월 7일 서울에서 타계했다.

2005년 5월 순천시의 국도 17호선 일부를 '백강로'로 지정하는 등, 최근 순천시 일원에서 추모사업이 진행되고 있다.

독립운동 당시 그는 『혁명공론』 및 『광복』 등에 만주지역 독립운동의 실상을 전하는 글을 투고하여 귀중한 기록을 남겼다. 장편 한시 「대전자대첩」도 있다. 해방 후에도 『대한민국 임시정부사』, 『백강 회고록』 등의 저술을 남겼다.

대한민국 정부는 그에게 1962년 건국훈장 독립장을 수여했다.

조국 독립과 농촌 계몽활동에 매진한
조규학

조규학(趙圭學, 1927-2002)은 순천 송광면에서 태어나 일제의 식민지 교육을 받고 자랐다. 이후 그는 1941년 광주사범학교 심상과에 입학 했다. 그는 학업만 잘 마치면 식민지 체제 속에서 교사로서 다른 이들 보다 충분히 안락한 삶을 누릴 수 있었다. 하지만 그는 일제 식민 지 배에 대한 저항의식이 투철했다. 전시체제에서 일제가 한반도에서 벌 이는 수탈의 부당함과 한국인들의 고통을 누구보다 잘 알고 있었기 때문이다.

1942년 2월, 항일의식이 투철하던 광주사범학교 학생 10여 명이 무 등독서회를 조직했다. 조규학도 이에 적극 동참했다. 무등독서회의 목 표는 '조국의 독립 쟁취와 올바른 역사관 확립'이었다. 당시 무등독서 회는 전국 사범학교 독립운동 결성 연락책임자 홍완표와 긴밀히 연락 하며 해외에서 활동 중인 독립운동에 호응하여 국내에서도 항일운동 을 벌이려 했다. 또한 태평양 전쟁 중 연합군이 본국에 상륙할 때 학 생행동대원들이 일제히 봉기하여 일본군을 괴멸하고 학도대를 편성 하여 일제 잔재 소탕을 위한 전투에 참여할 것을 목표로 했다.

조규학

당시 조규학은 무등독서회에서 해외 임시정부 방송 청취를 통해 국외 소식을 동지들에게 전달하는 임무를 맡았다. 1943년 10월 어느 날, 그는 한밤중에 라디오를 통해 "여기는 하와이입니다. 대한민국 임시정부입니다"라는 소리를 듣고 큰 감격과 흥분을 느꼈음을 회고하기도 했다. 그날 조규학은 너무 기뻐서 근방에 거주하는 학우 집에 가서 밤을 새우며 방송을 들었다고 한다.

무등독서회는 이후에도 임시정부 연락원 김준모와 연락하며 꾸준히 활동했다. 하지만 1944년 9월 독서회는 일본 경찰에게 발각되고 말았다. 고등계 형사들이 학교로 들이닥쳐 비밀조직을 만들었다는 죄목으로 수업 중이던 학생들을 체포해 갔다. 학생들은 광주, 목포, 전주, 나주 등에 분산 수감되어 갖은 고문을 당했다. 당시 사상범들은 외부와의 연락을 차단하기 위해 수감 장소를 일정 기간마다 옮기게 했기에 독서회 회원들은 이곳저곳을 떠돌아야 했다.

조규학 역시 이곳저곳을 떠돌다가 광주경찰서로 송치되어 물 씌우기, 손톱 밑에 가시 끼워넣기, 불 인두 지지기 등 각종 고문을 당했다. 하지만 조규학은 물론 무등독서회 회원들은 항일의식을 굽히지 않으며 고난을 견뎌냈다. 결국 1945년 8월 15일 일제가 패망하자, 다음날 석방되었다.

조규학과 동지들은 1년 가까이 투옥되었다가 풀려났지만, 고향으로 바로 돌아가지 않고 임시정부 연락원의 안내에 따라 한곳에 모여 광주지역 치안을 담당하는 임무를 맡았다. 또한 독서회 주관으로 광주

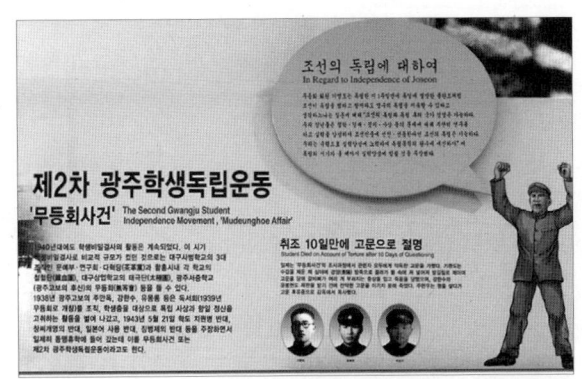

무등회 사건 안내판(광주학생독립운동기념관)

극장에서 새 조국 건설과 해방에 관한 내용을 담은 연극을 공연하기
도 했다. 해방 후에도 왕성하게 활동하던 이들은 광주사범학교에 돌
아가 학생회를 조직하려 했지만 모두 수감생활로 건강이 크게 상해
있었다.

광주사범학교를 졸업한 조규학은 고향인 송광국민학교에서 교직
생활을 시작했다. 이후 잠시 학업을 위해 광주중앙국민학교로 옮긴
때 외에는 낙후되었던 농촌 교육에 관심을 가지며 줄곧 시골 학교에
서 근무했다. 그는 1948년 이읍국민학교와 남양국민학교에 근무하면
서 낮에는 학생 교육에 힘쓰고, 방과 후와 야간에는 주민을 대상으로
'사랑방 글방'을 세워 문맹 퇴치에 앞장섰다. 학생 조규학의 관심이 조
국의 독립이었다면 교사 조규학의 목표는 농촌 계몽활동이었다.

이러한 그의 열정은 지역사회는 물론 중앙 정부로부터도 인정받았
다. 그는 1968~1972년 승주교육장을 마치고 고흥교육장으로 자리를
옮겼다가 1973년 순천교육장에 부임했다. 그는 관료적 질서가 강했던
당시 교육계에서 교육장으로서 권한을 내려놓고 소속 학교장들에게
단위 학교 예산 운영권을 넘겨주어 학교 실정에 맞는 교육을 할 수 있

1935년 개관한 광주극장(1946년 모습)

게 했다. 시골 학교에 예산을 배려하고 교원 순환 배치 등을 실시하여 지역에 따른 교육 격차를 줄이기 위해 노력했다.

이후 조규학이 교장으로서 유독 관심을 가진 것은 학생들의 복지였다. 교실에 컬러TV 설치, 급식 개선, 화장실 개축, 위생적인 음료수 제공, 방송 시설 현대화 등을 통해 학생들이 즐거운 학교생활을 할 수 있도록 노력했다. 또한 어느 지역에 있는 학교라도 모든 학생은 일정 수준 이상의 교육을 받을 수 있어야 한다는 그의 교육관은 열악했던 전남의 교육환경 개선에 큰 도움을 주었다.

1992년 조규학은 46년간의 교직생활을 마치고 정년 퇴임했다. 퇴임 후에도 그는 한국지역사회교육 광주협의회 부회장 등을 지내며 사회활동을 이어가다 2002년 작고했다. 1995년, 정부는 그에게 대통령 표창을 수여했다.

담양 곡성 구례 순천 광양 여수

광주학생독립운동과 농민운동의 주역
왕재일

왕재일(王在一, 1904~1961)은 전남 구례에서 태어났고, 학생 비밀결사인 성진회와 전남청년연맹, 전남사회운동협의회 등에서 활동한 항일운동가다. 개성이 본관으로, 부친은 왕경환이며 모친은 봉성 장씨다.

왕재일의 사상은 가학에서 영향을 받았다. 증조부 왕석보는 과거보러 갔다가 청탁을 일삼는 것을 보고 포기하고 고향에서 학문 연구와 제자 양성에 힘썼다. 한시와 주역에 능했으며 기정진 등과 교류했다. 조부 왕사각과 종조부 왕사천, 왕사찬도 과거를 포기하고 학문 연구에 힘썼으며 황현 등과 교류했다.

부친 왕경환은 일제강점기 일본 연호를 쓰지 않고 단기를 썼으며, 한글의 중요성과 우수성을 강조하고 한글 가사를 짓기도 했다. 한시에도 해박했다. 불교를 독실히 믿어 평생 육식을 하지 않았으며, 아무리 작은 미물이라도 살생하지 않았다.

이러한 가학적 전통 속에 성장한 왕재일은 고향의 광의보통학교를 졸업하고 광주 숭일학교에 입학했다가 어려운 가정형편으로 중퇴했다. 당시 광주청년회의 광주청년학원에서는 진학하지 못한 청소년들

왕재일

에게 신학문을 가르쳤는데, 왕재일은 그 곳에 개설된 민중계몽 교육과정과 강연회에 참석했다. 그 뒤 흥학관의 고등과를 마치고 광주고등보통학교에 입학했다.

이 학교 5학년에 재학 중인 1926년 11월 3일, 왕재일은 같은 학교 학생 장재성, 광주농업학교 학생 박인생 등이 주도한 두 학교 학생 15명과 학생비밀결사 성진회를 결성하고 총무로 활동했다.

'깨달아 나아가자'는 뜻의 성진회는 매월 10전씩 각출하여 운영자금을 모았으며, 매월 두 차례 모여 사회과학 책을 읽거나 토론을 했다. 성진회의 강령은 "일제의 굴레에서 조선의 독립을 쟁취한다. 일제의 식민지 노예교육을 절대 반대한다. 언론·출판·결사의 자유를 요구한다."였다.

그러나 1927년, 중심회원 왕재일, 장재성 등이 졸업하고 회원 가운데 한 사람이 광주경찰서 형사와 인척 관계라는 사실이 밝혀지면서 비밀 누설 염려가 있어 성진회는 표면상 해체했다.

그럼에도 성진회의 활동은 각 학교 단위 독서회의 형태로 계승되었으며, 이후 광주학생독립운동의 조직적인 확산에도 중요한 역할을 했다. 왕재일은 학교를 졸업한 뒤 강진으로 내려가 동아일보 지국을 개설했으며 1927년 강진청년동맹을 조직하여 위원장으로 활동하고, 장흥청년동맹에서도 주도적 역할을 하는 등, 강진·장흥 지역을 중심으로 농촌운동과 사회운동을 활발히 벌였다. 1929년에는 전남청년연맹 후보위원이 되기도 했다.

애국지사 왕재일 선생 동상(전남 구례)

1929년 11월 3일 광주학생독립운동이 일어나자 왕재일은 성진회와 청년 동맹 활동을 이유로 체포되어 광주지방법원에서 치안유지법 위반으로 징역 4년형을 선고받고 대구형무소로 이송되었다. 왕재일의 부친은 옥중의 그에게 부자간의 애틋한 정을 표현한 「대구 옥중에 있는 재일을 생각하며」라는 시를 편지에 적어 보내 힘이 되어주었다.

1931년 6월 대구복심법원에서 왕재일은 징역 1년 6개월을 선고받고, 그해 12월에 출옥했다. 이후 그는 다시 장흥으로 내려가 농민운동에 투신했고, 1933년 결성된 전남사회운동협의회에서 활동했다. 1936년 558명에 이르는 대대적인 검거를 계기로 장흥농민조합 결성을 주도한 혐의로 구속되어 대구복심법원에서 징역 2년형을 선고받고 복역하다 1938년 출옥했다.

해방 직후인 1947년, 동광신문 편집차장을 지냈으며 한국전쟁 때는 북한군에게 납치되었다가 탈출하기도 했다. 1952년 『호남절의사』를 편찬했고, 1954년 전라남도사 편찬위원회 촉탁으로 근무했다. 1956년 『전남자치사년지』를 편찬하고, 1959년에는 광주시청 촉탁으로 근무

왕재일 생가(전라남도 구례군 광의면 지천리)

하면서 『광주시보』를 편찬했다.

　1961년 2월 삶을 마감한 왕재일은 1963년 3월 1일 독립유공자 표창장을 받았으며, 1991년 건국공로훈장 애국장을 받았다. 1995년 대전국립묘지 애국지사 묘역으로 이장되었다.

광양의 3·1운동을 주도한
김상후

금호 김상후(金商厚, 1870~1944) 선생은 1870년 전남 광양군에서 출생했다. 집안은 대대로 효자와 충신이 배출되어 조정으로부터 정려(旌閭)가 내려져 고을에서는 덕문복가(德門福家)라 칭찬받았으며, 때로는 만석에 가까운 부를 축적하여 동문외김씨(東門外金氏)라고 불렸다.

그는 1890년 21세에 순릉 참봉에 임명됐다. 일본 제국주의의 조선 침략이 가속화되자 김상후 선생은 광양에서 금호학숙을 설립해 애국계몽운동을 주도하며 후진 양성을 통해 국권을 수호하고자 했다.

1910년 경술국치 이후 국권 회복을 위한 독립자금을 마련하는 등 그는 서울, 광양 등지에서 독립운동을 전개했다. 일제의 재판 기록에 보면 그는 "일본과 조선은 전혀 다르다. 조선은 개국 이래 독특한 역사를 지니고 있으니만큼 오늘날 민족자결상 조선독립을 주장하여 독립만세를 외침은 너무도 당연한 일이다"라며 독립의식을 고취하고 조선인을 선동하여 치안을 방해했다고 적혀 있다. 김상후 선생은 독립의식과 민족의식이 확고했으며, 일본인과 친일파들에게는 조선인의 탄압은 불법이라며 저항했다.

김상후

　일제의 잔인한 식민통치에 반발하는 3·1만세운동이 전국 각지에서 거국적으로 일어나자 김상후 선생은 광양 군민 1000여 명과 함께 광양읍 빙고등(현 우산공원)에서 독립선언서를 낭독하고 광양시장까지 행진했다.

　선생은 친일인사들의 밀고로 일제 경찰에 붙잡혀 징역 8월형을 언도받고 광주형무소에서 옥고를 치렀다. 이후 국권 회복을 위해 독립운동에 전념하다가 1934년 광주학생독립운동 배후자로 지목되어 재산을 몰수당했다.

　나라의 독립을 위해 평생을 바쳤으나 안타깝게도 독립의 그날을 보지 못하고 1944년 75세의 나이로 서거했다. "사필귀정(事必歸正)이니 견기이작(見機而作)으로 범사에 초연하라"라는 유언을 남겼다.

　정부는 2002년 대통령 표창을 서훈했다. 현재 국립대전현충원에 안장돼 있다.

　한편, 김상후 선생의 자녀들도 선생과 뜻을 함께하다 김우주, 김삼주 선생은 만주로 끌려가고 김신주, 김말주 선생은 징병과 징용으로 일본으로 끌려갔다. 이후 김우주 선생은 광복 전 만주에서 서거하고, 김신주 선생은 일본에서 생을 마치셨다. 집안이 일제강점기의 희생양으로 풍비박산이 되었다.

　광양시에서는 2019년 3·1운동 100주년 기념식에서 김상후 선생 관련 추모식과 유품 전시회를 추진하여 김상후 선생을 기리고 추모했

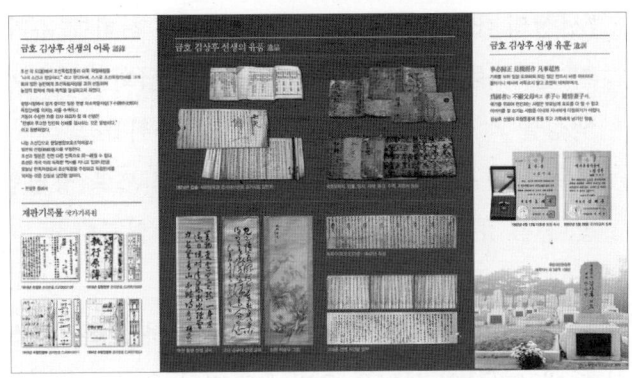

금호 김상후 선생 소개 자료

김상후 선생 서거 80주년 기념 유품전(2024)

다. 2024년 2월에는 광양의 3·1만세운동을 이끈 금호 김상후 선생의 유품 전시회가 광양역사문화관 기획전시실에서 열렸다.

광양에서는 김상후 선생을 추모하는 한시 공모대회를 개최하여 그의 삶과 정신을 알리고 선양하는 일을 하고 있다. '금호 김상후 애국지사 추모'라는 시제로 전국 문재들이 참여하고 있다.

"선생의 대의는 우리나라의 으뜸이요/ 천하에 누가 감히 더불어 같이 할까/ 독립정신을 칭송하는 속에/ 평화사상을 찬양하는 중이라/ 백성을 걱정하는 절조는 아름다운 자취를 드리웠고/ 나라를 사랑하는 경륜은 위대한 공을 세웠다/ 의적으로 방명함이 역사에 길이 빛나니/ 유림의 공경함은 길이 다함이 없도다."

온 집안이 국난 앞에 용기 있게 저항하고 독립의식을 고취했던 김상후 애국지사의 실천은 우리에게 진한 울림을 준다.

여수 항일독립운동을 주도한
이선우

이선우(李善雨, 1899~1961)는 전남 여수시 문수동 699번지에서 태어났다. 그가 태어난 해는 조선의 지배를 둘러싸고 러시아와 일본이 충돌하던 암울한 시기였다.

그는 1917년 개교한 여수수산간이학교에 1919년 4월 입학했다. 21세 때다. 경성은 물론 광주, 순천, 광양 그리고 전남 곳곳에서 3·1운동의 열기가 거세게 몰아치고 있을 때다.

마침 1919년 9월 독립선언서를 들고 고향에 돌아온 배재학당 졸업생 유봉목이 이선우를 찾아왔다. 유봉목은 처음에는 여수청년회를 통해 시위하려 했으나 여의치 않았다. 마침 이선우가 그런 생각이 있음을 알고 여수수산학교 학생들과 만세시위를 하기로 했다. 이들은 '위친계'의 이름으로 여수보통학교 및 여수간이수산학교 재학생과 졸업생 약 40명을 모아 12월 20일 여수장날 만세시위 계획을 세웠다.

그런데 시위 바로 전날, 모여 태극기를 제작하던 중 발각되어 적극 가담자 19명이 체포되고, 태극기 120매가 압수되었다. 유봉목은 징역 10개월을 선고받고, 이선우는 징역 6개월을 선고받아 옥고를 치렀다.

이선우

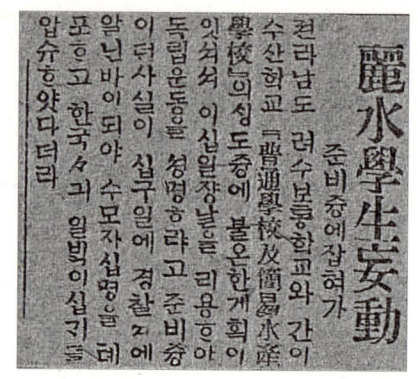

여수학생만동(매일신문 1919.12.22.)

유봉목과 이선우의 활동은 상하이 임시정부 기관지 『독립신문』에도 게재되었다.

> 여수학생만동 준비 중에 잡혀가 전라남도 여수보통학교와 간이수 산학교의 생도 중에 불온한 계획이 있어서 20일 장날을 이용하여 독립운동을 성명하려고 준비 중이던 사실이 19일에 경찰서에 알린 바이되야 수모자 10명을 체포하고 한국국기 120개를 압수했다더라.

이선우는 출옥 후 아이들을 가르치는 데 열중했다. 여수 미평초등 학교, 쌍봉초등학교, 율촌남초등학교, 남면 여남초등학교 등에서 교사 와 교장을 역임했다.

함께 활동했던 유봉목은 옥고를 치른 후 1929년 3월 19일 여수노 동조합 창립에 관여했으며, 평의원에 이름을 올렸다. 여수노동조합은 오랫동안 소강상태를 보인 지역의 노동운동에 새로운 활기를 넣은 조 직으로, 1930년대 동맹파업을 주도했다.

정부에서는 이들의 공훈을 기려 유봉목에게는 1990년 건국훈장 애족장을, 이선우에게는 2010년 대통령표창을 수여했다.

　어느 때보다 한일 외교 관계의 논란이 심한 시대다. 일제강점기의 자주독립과 자존을 위해 치열하게 항일운동을 전개했던 애국지사들의 삶과 정신이 필요할 때다. 몸소 3·1운동을 주도하고 옥고를 치른 이선우 선생. 그는 이후 교사로서 학생들의 항일의식과 민족정기를 바로 세우려는 실천적인 지식인이었다.

　그런데 정작 학교는 물론 지역사회에서 이선우 선생의 존재를 모르고 있다. 누구의 잘못인가? 이제라도 지역의 애국지사 항일운동가들을 기억하고 계승하려는 노력을 해야 할 때다.

의병항쟁과 애국계몽운동을 결합한
임민호

  임민호(林玟鎬, 1891~1926)는 전남 담양군 담양읍 천변리 출신이다. 1905년 을사늑약 체결 이후 국권을 회복하기 위한 우리 민족의 투쟁은 의병 전쟁과 애국계몽운동의 두 계열로 진행되었다. 중심인물들이 각각 위정척사파와 개화 지식인 중심이었기에 투쟁 방략에 대해 서로 불신의 벽을 넘지 못하는 한계가 있었으나, 담양은 그 한계를 극복한 지역이다.

  한말의병 전쟁의 중심지 창평은 '불원복' 고광순의 뜻을 이어받아 국권 회복을 위해 힘을 다했고, 호남지역의 대표적인 민족교육 도량으로 꼽히는 '영학숙(1906)'과 '창흥의숙(1907)'이 설립되어 송진우·김병로 등 일제강점기 민족운동에 앞장선 대표 인물들이 배출된 곳이다. 담양 지역은 창평을 중심으로 하여 의병 전쟁과 함께 근대 민족 역량을 기르려는 노력이 이루어지던 지역이다.

  이러한 항일 민족운동을 바탕으로 담양 지역에서 3·1운동도 매우 적극적으로 진행되었다. 1919년 3월 11일 담양읍 출신 청년 정기환은 광주에 나갔다가 전날 일어났던 광주 독립 만세운동 상황을 알게 되었고, 담양으로 돌아온 다음 날 평소 알고 지내던 담양군 지주회 서기 국한종, 담양 군청 고용인 정경인, 면작조합 주사 임민호 등을 집으로 청하여 담양에서의 만세운동 계획에 뜻을 모았다.

임민호

이들은 이후 몇 차례 회합을 하여 3월 18일 담양읍 장날을 기하여 거사할 것을 정했다. 공직에 있지 않은 정기환이 구체적인 계획을 세우기로 했고, 조합에 근무하며 일제의 수탈을 목격한 임민호는 시위 준비에 적극적이었다. 임민호로부터 계획을 들은 임기정이 태극기 제작과 보통학교 생도들의 참여를 독려하기로 했다. 이리하여 16일 오후부터 정기환이 김길호·김홍섭 및 마을 청년 장삼채·김탑쇠 등과 양각리 김탑쇠의 집에서 백지와 물감을 사다가 밤을 새워가며 태극기를 그렸다. 임기정은 정기환과 의논하여 "관조(황새, 일본인을 비유)가 날아와 학(조선인을 비유)의 보금자리를 빼앗아, 1,700여 학추(鶴雛)가 비탄에 젖어 있으나 결코 하늘은 이를 방치하지 않을 것이고 언젠가는 관조를 쫓아낼 시기가 있을 것"이라는 격문을 작성했다. 그리고 경고문 끝에는 "금일 시장에서 호만세(號萬歲)"라고 붉은 글씨로 적어 당일 군중의 참여를 유도하는 데 활용하고자 했다.

그러나 18일 새벽 일본 경찰에게 시위는 탄로나고 말았다. 군중들에게 태극기를 나눠주고자 담양 시장 네거리 다리 밑에 숨어있던 장삼채가 일본 경찰에게 발각된 것이다. 시위가 계획대로 추진되지는 않았으나, 정기환·김길호 등 청년들과 학생들이 만세를 외치며 시장으로 뛰쳐나가니 수백 명의 민중이 함께하여 독립 만세의 외침이 시

3·18 담양 독립 만세운동 재현 행사(2019.3.18.)

내에 가득 차게 되었다. 이 과정에서 주동 인물들이 검속되어 정기환·
임기정은 각 2년, 국한종·정경인·임민호 등은 각 1년의 징역형에 처해
졌다.

당시 면작 조합 주사로 근무하던 임민호는 일제 식민통치의 모순을
목도하며 항일 의식을 키워 갔다. 이에 광주 3·1운동을 목격하고 돌아
온 정기환의 만세운동 제의에 호응하여 3월 18일 장날 거사를 계획하
게 되었다. 이들은 함께 격문을 작성하고 태극기를 제작하며 만세운
동을 준비해 갔으나, 움직임을 탐지한 일제로 인해 계획 실행에 차질
이 생겼다.

임민호 등은 포기하지 않고 장터로 나가 만세를 외쳤으며, 많은 군
중이 이에 호응했다. 이로 인해 임민호는 징역 1년을 선고받아 옥고를
치렀다.

정부는 고인의 공훈을 기리어 1995년 건국훈장 애족장을 추서했다.

3부

목포

무안

신안

해남

진도

무등독서회 결성, 항일 전개로 옥사한
곽이섭

곽이섭(郭以燮, 1928~1968)은 전라남도 무안군 현경면 양학리 병곡 출신이다. 병곡은 신학1리에 해당하는 마을로, 창포만 주변의 5머리 중 '갈머리'에 해당하는 곳으로, 학이 마른 목을 축이는 형국을 이룬다. 이 마을은 상산 김씨, 현풍 곽씨, 밀양 박씨 등 세 성씨로 이루어졌다. 세 성씨는 독특한 관계를 유지했는데, 곽씨 가문에 대를 이을 아들이 없으면 박씨 가문에서 양자를 들이는 등, 친근한 관계를 유지했다.

곽이섭의 부친인 한학자 곽기영은 1945년 11월 25일 42세의 젊은 나이에 세상을 떠났다. 이섭은 조부로부터 한학과 독립정신을 배워 어려서부터 항일의식이 깊이 형성되어 있었다. 그가 광주사범학교에 진학하여 교육을 통해 독립의 길을 찾으려 했던 이유이기도 하다.

그는 광주사범 심상과 4회로 1941년 4월 입학했다. 같은 무안 출신 옥대호, 함평 출신 허종철과 함께 옥대호의 자취방에서 자취하며 형제처럼 의좋게 지냈다. 광주사범학교 학적부에 나타난 곽이섭의 성격은 명랑 활달하고, 사교적이었다. 낙천적인 성격인 그는 형무소에 갇혀 있을 때도 동료들에게 농담을 하여 자주 웃겼다.

곽이섭

1943~1944년은 무등독서회가 조직적으로 항일운동을 준비하며 그들의 존재를 조금씩 드러낼 때였다. 곽이섭은 겉으로는 밝은 표정을 지었지만 깊은 내면으로는 독립을 반드시 쟁취해야 한다는 굳은 의지를 지니고 있었다. 이섭은 검도, 옥대호는 유도부에서 활동하는 등, 운동을 같이했다.

무안향우회를 만들자는 옥대호의 제안에 이섭이 동의하여 무안 출신 사범학교 학생들을 중심으로 1941년 9월 무안향우회가 결성되었다. 독립운동을 준비하려는 뜻에서다. 이때 참여한 무안향우회 인물은 옥대호, 안동영, 이경채, 곽이섭, 허종철, 정병광 등이다.

1941년 12월 5일 일본이 미국에 선전포고하면서 태평양전쟁을 일으키자 이섭과 옥대호는 결전 시기가 다가왔음을 인식하고 임시정부와 연계된 비밀결사조직을 만들려 했다. 1942년 2월 무안향우회 회원들을 주축으로 독서회를 결성했다. 특히 1943년 6월 만주 봉천에 거주하고 있던 임시정부 연락원 옥평호(옥대호의 둘째 형)로부터 일본이 망하고 조국이 해방된다는 말을 듣고 연합군을 맞이할 구체적 계획도 세웠다. 이러한 목표와 더불어 군사훈련 반대 투쟁도 했다.

한편 일제는 패전이 다가올수록 수업 대신 '근로봉사'라는 이름으로 매일 노력 동원을 했다. 이에 이섭은 "우리가 공부하러 온 것이지 일하러 온 것이 아니다"라며 공공연하게 태업을 했고, 과로나 질병을 핑계로 교대 결석 등을 주동했다.

1944년 10월, 전국 학도대 결성 임무를 띤 순창 출신 홍완표가 전

애국지사 곽이섭의 묘(대전현충원)

북 경찰에 체포되어 무등독서회의 실체가 드러나게 되었다. 이들에게
적용된 죄목은 '비밀결사조직의 죄' 및 '치안유지법 위반'이다. 이들
은 광주, 나주, 순창, 목포, 전주 등 여러 경찰서로 분산되어 조사를 받
았다. 일본 경찰은 이들의 배후에 임시정부가 있다고 단정하고 관련
자들을 경찰서별로 분산, 조사했다. 무등독서회 조직 책임자 옥대호는
고향 무안에서 체포되었지만, 홍완표를 체포한 전북 경찰부로 이송되
어 조사받은 후 다시 전남 경찰부로 옮겨져 조사를 받았다. 이섭은 사
범학교 교실에서 광주경찰서 형사들에게 체포된 후 전북 경찰부로 이
송되었다가 다시 장성 경찰서로 넘겨졌다. 이섭 등은 구속되어 처음 2
개월 동안 가족과 연락도 하지 못한 채 식사도 제대로 못해 기아 상태
에 있었다. 이들은 몽둥이 구타는 물론, 물고문, 전기고문, 불 인두 지
지기 등 각종 고문을 당하면서 조직의 상부 인사, 조직원의 포섭 대상
자 등을 밝힐 것을 강요받았다.

　일본 경찰의 온갖 고문과 협박에도 무등독서회 회원은 단 한 사람
도 굴복하지 않았다. 그만큼 무등독서회 회원의 항일 의지는 강했다.
이섭은 무등독서회의 다른 회원들과 1945년 8월 16일 출옥했고, 9월에 옥대호 등 다른 동료들과 사범학교에 복학했다. 이듬해 1946년 1월 14일 졸업하고 꿈에도 그리던 교단에 첫발을 내디뎠다.

곽이섭은 1946년 4월, 고향인 무안 현경국민학교 교사로 부임하여 4년간 근무하고 1950년 4월 목포 유달국민학교로 옮겼다. 하지만 학교를 옮긴 후 며칠 지나지 않은 4월 27일 사망했다. 1년 가까이 미결수 상태에서 받은 온갖 고문의 후유증 때문이다. 그는 조국의 독립을 위해 목숨을 건 투쟁을 하다 옥사(獄死)한 것이나 다름없다.

20대의 젊은 나이에 해방된 조국에서 그토록 간절히 꿈꾸었던 교사의 길을 걸은 지 얼마 되지 않아 요절한 동지가 독립유공자에 선정되어 국립묘지에 안장되었다. 정부에서는 고인의 공훈을 기려 2004년에 대통령 표창을 추서했다. 천만다행이다.

독립운동과 민족의식 교육을 다한
노근후

    노근후(魯根厚, 1909~1992)는 무안군 금동면 장동 마을, 현 함평군 학교면 복천리 장동마을 함평노씨 집성촌에서 노인수(1875~1931)와 광산 김씨 김남산의 2남 4녀 중 장남으로 태어났다. 노근후의 장인인 나주 문평 출신 김영채는 학식과 덕망이 높아 고향에 공적비가 세워져 있다. 노인수는 유교적 가풍을 지닌 부모의 영향을 받아 어수선한 한말, 일제강점기에 관직에 나아가기를 단념하고 농사를 지으며 동생들 뒷바라지를 했다.

    이러한 가풍의 영향으로 근후는 어려서부터 역사의식이 강했다. 그는 나주 다시보통학교 시절, 월반을 했는데도 1등을 하여 주위를 놀라게 했다. 졸업 후 광주고등보통학교에 진학한 근후는 1926년 11월 결성된 학생운동 조직체인 성진회에 가입했다. 그는 광주고등보통학교 졸업 후 광주사범학교를 수료하고 교사 자격증을 취득했다. 1923년 4월 16일 개교한 광주사범학교는 2~3년 교육과정의 특과와 6개월~1년의 전과(강습과)가 있었는데, 노근후는 전과를 다닌 듯하다. 그가 교사가 되려 한 것은 민족독립을 위한 인재 양성이 무엇보다 중요하다고 생각했기 때문이다.

　그는 1929년 해남 공립마산보통학교 훈도로 첫 발령을 받았다. 그곳에서 그는 후배들의 독립운동 자금을 지원하고, 학생들에게 우리말 노래를 가르치며 민족의식을 잃지 않도록 힘썼다.

　1929년 11월 3일 일어난 광주학생운동 사건을 수사하던 일본 경찰이 그가 학창시절 성진회에 가입한 사실을 발견하여 구속했다. 장재성 등 38명과 함께 그는 재판에 넘겨졌다. 하지만 재판 끝에 그가 시위를 조종한 혐의가 인정되지 않아 광주지방법원에서 1930년 7월 26일 면소 처분을 받았다. 무려 7개월 동안 미결수로 투옥 생활하며 온갖 고문을 받은 것이다.

　노근후는 옥살이로 심신이 쇠약해 있었고, 학교에서도 파면되었다. 그가 독립운동을 하다 투옥된 사실로 부친 인수는 일제에 대한 치밀어 오르는 분노 때문에 화병이 생겼다. 그는 아들이 출옥한 이듬해 시름시름 앓다 숨을 거두었다. 그의 나이 56세였다. 부친의 임종을 하던 근후가 손가락 10개를 잘라 부친의 입에 피를 넣으니 부친이 소생했으나 3일 후 끝내 숨을 거두었다. 근후의 지극한 효심을 알 수 있다.

　학교에서 해직된 노근후는 7년 동안 보호 관찰대상이 되어 일제의 감시를 받았다. 아무리 일제의 탄압이 매서워도 노근후의 확고한 독립의식은 꺾을 수 없었다. 그는 고향 함평에서 야학을 개설하여 학생들에게 계몽운동을 펼치며 민족의식을 교육했다.

　광복 당시 학다리국민학교 교사로 근무하던 근후는 곧바로 함평북국민학교 교장으로 발령이 났다. 광복 이전의 교육 경력을 인정받은 데다 일본인 교사들이 빠져나가 교사 수가 절대적으로 부족했기 때문이다. 그런데 노근후는 한국전쟁 중에 목포 문태중학교 교사를 했다. 전쟁 중에 목포 쪽으로 피난 갔다가 그 학교 교사로 채용된 것이다.

노근후 묘(대전현충원)

그는 목포중학교, 함평농업고등학교 교사 등 중등학교 교사를 지냈다. 그러니까 초등 교장을 하다 중등 교사로 전직한 셈이다. 그런데 중등 교사 자격증 없는 교사라는 것이 문제가 되어 학교에서 쫓겨날 상황이 되었다. 다행히 그의 딱한 상황이 해명되어 국민학교 교장으로 복직되었다 한다. 이후 그는 학다리 중앙국민학교를 거쳐 고향의 학다리동국민학교 교장으로 근무하다 1973년 퇴임했다.

그는 학창시절 광주학생독립운동 주역으로, 그리고 일제의 침략 야욕이 거세지던 때 교사가 되어서는 독립운동을 후원하고 학생들의 민족의식을 함양하는 데 앞장서다 투옥된 위대한 독립운동가이자 교사였다.

해방 후에는 대한민국 교육과 전남 교육의 초석을 다지는 데 앞장섰다. 그의 제자들 가운데 명망가들이 많다. 조성욱 광주고검장 등 제자들이 스승의 공을 기리기 위해 노근후가 마지막으로 근무한 학교면 복천리 학다리동국민학교 앞에 그의 송덕비를 세웠다. 그는 1992년 12월 20일 별세했다.

1993년, 대한민국 정부는 독립운동의 공적을 인정하여 그에게 대

노근후 송덕비(전남 함평군 학교면)

통령 표창을 추서했다. 후손들은 2003년, 그의 유해를 국립대전현충원 독립유공자 3묘역에 이장했다.

　노근후 선생은 알려지지 않은 애국지사다. 이제라도 평생을 독립운동과 민족교육을 위해 최선을 다한 노근후 선생을 기억해야 할 것이다.

무등독서회 결성 주도한
옥대호

옥대호(玉大鎬, 1925~2008)는 무안군 몽탄면 사창리에서 옥치원의 4남으로 태어났다. 부친 옥치원은 서당 훈장으로 우리 국사에 조예가 깊고 애국·애족 사상이 투철하여 아들들에게 동학, 임진왜란 때 무안, 함평의 김천일 의병장, 한말 김태원 의병장 등의 얘기를 많이 했다. 둘째 아들 평호가 임시정부 연락원이 되고, 넷째 대호가 독립운동에 뛰어든 것은 이러한 가르침 덕분이다. 옥대호는 학창시절 함평 기산공원 열사 비문 해설, 사적 답사, 안중근·이준·김구 선생 등을 공부했다고 한다.

옥치원은 함평 대화심상소학교 학생들과 1919년 3·1운동에 적극적으로 참여했다. 그리고 1929년 11월 학생운동이 확산하자 함평 농잠보습학교 학생들과 시위를 계획하다 일본 경찰에 적발되어 실패했다. 1930년 3월 1일 다시 시위를 계획하다 다수 학생이 검거되어 함평은 '함평객문사건'의 진원지가 되었다. 일찍부터 민족의식이 형성된 옥대호를 자극하고도 남음이 있다.

옥대호는 학비 부담이 적은 사범학교에 진학했다. 교육을 통해 민족의 역량을 키우고자 하는 간절함이 더 중요한 이유였다. 당시 광주

옥대호

사범학교는 일본인이 합격하고 남은 자리가 있을 때 조선인을 뽑았기에 합격 자체는 불가능에 가까웠다. 따라서 그의 합격은 일대 사건이었다. 당시 일본인 담임 교유였던 가토(加藤) 선생이 축하차 가정방문을 했다고 한다.

1941년 3월 25일 대화심상소학교 6년 과정을 마친 그는 다음 달인 4월 8일, 1938년 4월 공립학교로 개교한 광주사범학교 심상과 4회로 입학하여 기숙사 생활을 하다가 무안 출신 곽이섭, 함평 출신 허종철과 자취 생활을 했으며, 무안향우회를 결성하여 항일운동의 구심점으로 삼으려는 계획을 세웠다. 그는 독립운동을 위해서는 조직이 필요함을 이미 성진회, 독서회, 무등회를 통해 잘 알고 있었다. 그는 무안향우회를 결성하여 결사의 토대를 구축하려 했다. 1941년 9월, 옥대호는 무안 출신 곽이섭, 이경채, 정병광에 함평 출신 허종철까지 포함하여 정병광의 하숙집에 모여 무안향우회라는 '위친계'를 조직하고 동지들을 규합했다.

때마침 12월 5일 일본이 하와이 주둔 미국 태평양 함대를 공격함으로써 태평양전쟁이 발발했다. 이 사건은 젊은 학생들에게 일본의 패

옥대호 묘(대전현충원)

망, 곧 조국 독립의 결정적 시기가 왔음을 직감하게 했다. 옥대호 등 무안향우회원들은 이 조직을 독립운동을 준비하는 비밀결사로 전환하기로 하고 동지를 규합했다. 마침내 1942년 2월 무안향우회를 계승한 '무등독서회'가 탄생했다. 창립 당시 회원은 옥대호를 비롯하여 이경채, 안동영, 정광영, 허종철 등 무등향우회 전원과 전북 순창이 고향인 홍완표를 포함한 10명이었다. 이들은 1942년 4월 무등독서회 2차 모임을 갖고 행동강령을 작성하여 미군 상륙과 같이 행동대원들이 봉기하도록 학도대 편성을 결의하고, "군국주의는 멸망한다. 일본은 물러간다."라는 삐라와 벽보를 명치정(현 금남로) 일대와 일본인 집 곳곳에 부착했다.

옥대호는 허종철과 방학 때면 소작인 수탈과 식량 공출 및 징용에 반대하는 운동을 꾸준히 전개했다. 1943년 5월에는 광주비행장 근로동원을 3개월간이나 거부하는 등 파업을 했고, 군사훈련 시간의 혹독한 훈련에 저항하여 운동장에서 전 학년 구보 데모를 주도했다.

1945년 9월 옥대호 등은 광주사범학교에 복학하여 이듬해 1월, 1년 후배들과 졸업했다. 옥대호는 해방된 조국에서 교사 자격증을 얻었다.

1947년 9월 서울대학교 사범대학 체육과에 입학하여 1949년 7월 졸업하고 9월부터 제2의 고향 학다리 중·고등학교를 시작으로 목포사범학교, 목포중학교, 목포중앙여자중학교에서 1973년 8월까지 체육 교사로 전남의 중등교육 발전에 공헌했다.

독립운동으로 온갖 고초를 겪은 그는 후유증으로 몸이 불편했다. 말도 어눌하고 부자연스러웠다. 강건했던 젊은이가 감옥에서의 혹독한 고문 때문에 평생 고통의 상처를 고스란히 안고 살아갔다. 그의 이러한 정신이 오롯이 전남교육의 사표로 남아 오늘날 '의향'의 전통이 살아 있는 전남교육의 등불이 되었다.

그런데 옥대호를 포함한 무등독서회의 독립운동은 미결수 상태로 1년 가까이 고문 조사 등이 이루어진 탓으로 판결문 등이 남아 있지 않아 이들의 공적 입증이 쉽지 않았다. 이를 밝히기 위해 옥대호는 다른 회원들과 힘을 모아 자료를 모으는 등, 노력을 기울여 마침내 1995년 대통령 표창을 받았다.

최근 옥대호가 남겨놓은 육필원고를 곽이섭의 아들 수민을 통해 볼 수 있었다. 그 자료에 올바른 평가를 받고자 노력한 그의 혼이 고스란히 담겨 있다. 이를 밝혀 역사를 바로 세우는 것은 우리 몫이다.

무등독서회 결성, 항일운동 전개한
이경채

　이경채(李京彩, 1927~2011)는 신안군 하의도에서 태어났다. 그가 자란 하의도는 어느 지역보다 식민지 권력과 맞선 생존권 투쟁이 치열했던 곳이다. 하의도는 섬 주민들이 개간하여 만든 토지가 많았다. 그런데 조선 후기 들어 왕실과 혼인을 맺은 풍산 홍씨 집안이 불법적으로 이곳에서 세금을 걷어갔다. 하의도 주민들은 홍씨 집안의 불법성을 중앙에 호소했고, 더 이상 억울하게 세금을 내지 않는 방향으로 문제를 정리해 갔다. 그러던 중 일제가 권력을 장악하자 풍산 홍씨 집안은 새로운 방법을 고안했다. 관청에 뇌물을 주고 허위 문서를 작성하여 하의도 땅의 소유권을 강탈한 것이다. 하의도 주민은 반발했고, 소송을 통해 홍씨 집안에 소유권 없음을 확인했다.

　하지만 홍씨 집안은 재판 결과가 나오기 전에 다른 권력가에게 토지를 팔았고, 토지는 여러 사람을 거쳐 일본인 지주 우콘 곤자에몬(右近權左衛門)에게 넘어갔다. 하의도 주민들은 일본인 지주의 소유권을 인정하지 않고 '소작료 불납 동맹'을 결성하며 저항했다. 하지만 도쿠다의 하수인 미야자키는 오히려 소작료를 추가 징수하고, 미납 가구

이경채

에는 경찰력을 동원하여 부업 수단이었던 면화는 물론 가재도구까지 뺏아갔다. 하의도 주민들은 끊임없이 저항했지만 식민지 권력의 지지를 받는 지주를 이기긴 어려웠다.

하지만 하의도 주민들은 끝까지 포기하지 않았고, 이 과정에서 수많은 소송을 치러야 했다. 이에 하의도 주민들은 자제들을 교육하여 토지 회수를 위한 새로운 인재로 키우는 데 관심을 기울였다. 또한 하의소작인회를 결성하여 소작쟁의 운동을 펼쳤다. 1928년에는 300여 명이 참여하여 하의농민조합을 만들기도 했다.

하의도 토지문제는 하의도 주민들만의 문제를 넘어 식민지 조선인 농민의 현실을 보여주는 사건이었다. 당대 언론은 물론 조선농민총동맹, 신간회 등 많은 사회단체가 특파원을 파견할 정도로 주목했다. 일본의 일본노동농민당도 하의도에 변호사를 보내 조사한 후, 하의도 토지문제가 '조선이 아니면 볼 수 없는 사실'이라는 평을 냈다. 그런데도 하의도 토지문제는 해결되지 않았다. 하의도 주민들의 염원은 해방 후 대한민국 정부가 들어서고 나서야 이루어졌다. 하의도 주민들은 투쟁 과정에서 식민지 권력의 부당함을 뼈저리게 체험했다. 따라서 어느 곳보다 항일의식이 높았다.

이경채는 이런 하의도에서 나고 자라며 자연스럽게 식민지 권력의 부당함에 문제의식을 갖고 있었다. 그는 1935년 하의공립보통학교에 입학한 후 목포 제2보통학교(목포 산정초등학교)로 전학하여 학업을 마쳤다. 이후 1941년 광주사범학교 심상과에 진학했다.

마침내 그는 옥대호, 조규학 등과 비밀 항일단체인 무등독서회를 결성했다. 무등독서회는 한국광복군이 국내에 진격했을 때 이에 호응하여 봉기할 목적으로 활동했다. 이들은 매월 모임, 독서와 토론을 통해 항일의식을 다지고 회원들을 모집하며 조직을 확대해 갔다. 이경채는 무등독서회 간부로 홍보와 선전을 담당했다. 하지만 조직은 2

전남교육청 편, 『독립운동가, 교사가 되다』 (2022). 남도 항일독립운동가를 소개하고 있다.

년여 만에 일제에 발각되고 이경채와 동료들은 경찰서에 끌려가 모진 고문을 받으며 조사받아야 했다. 이후 재판을 기다리던 중 일제가 패망하면서 8월 16일에 석방될 수 있었다.

이후 그는 1948년 중등교사 양성과정을 수료하고 1950년 목포 동광중학교(홍일중학교)에서 교직 생활을 시작했다. 이때 목포 유달국민학교 교사 전필녀 여사와 결혼하며 안정적인 삶을 살아가는 듯했으나, 6·25전쟁이 터지면서 다시 역사의 소용돌이에 휩쓸리게 되었다. 이경채는 1953년 고등학교 심리학 교사 자격을 취득하는 등, 교직에 대한 미련이 있었지만 왕성한 사업 활동으로 인해 교직에 돌아갈 수 없었다. 그는 1955년 서울로 이주하여 사업체를 확장하며 왕성하게 활동하다가 2011년 별세했다.

정부는 그의 공훈을 기려 1995년 대통령 표창을 수여했다.

장산도 만세운동 주도한 임시정부 의정원
장병준

장병준(張柄俊, 1893~1972)은 신안 장산도 대리에서 태어났다. 인동 장씨인 그의 집안은 장산도의 간척사업을 주도하면서 넓은 농토를 확보할 수 있었다. 그 때문에 장병준은 비교적 윤택한 어린 시절을 보낼 수 있었으며, 목포와 서울, 일본 등에서 유학 생활을 했다. 장산도의 서당에서 한학을 배우다가 육지인 목포로 나가 학교를 다녔고, 이후 서울 보성전문학교를 거쳐 니혼대학 법학과를 다녔다.

장병준은 1917년 고향으로 돌아와 지역 인사들과 교류하며 항일 민족운동에 관심을 갖기 시작했다. 그가 민족운동가로서 행보를 시작한 것은 1919년 3·1운동에 영향을 받아 장산도의 만세운동을 주도하면서부터다.(장산도에서는 1919년 3월 18일, 목포보다 먼저 만세운동이 일어났다.)

장병준은 외부 소식에 발 빠르게 대응하고 있었고, 사전에 치밀하게 만세운동을 준비했다. 3월 18일 오전 10시 무렵, 장산도 대리마을 정자 앞에 주민 수십 명을 모아 놓고 서울의 독립 만세운동 소식을 전했다. 만세운동에 동참할 것을 호소하며 대열을 이끌고 주변 마을들을 행진하며 "독립 만세"를 외쳤다.

이날 오후 2시까지 만세 시위를 전개한 장병준은 김극태·고제빈 등 주도자들과 함께 일제의 검거를 피해 곧바로 섬을 떠났다. 현장에서 바로 붙잡히지 않은 것도 다분히 의도된 거사였음을 알 수 있다. 비록 규모는 작았지만 누구보다 깨어있고 항일정신이 투철한 섬사람들의 기질을 잘 보여주는 사례로서 의미가 있다.

장병준

이후 장병준은 서울로 올라가 민족운동 진영에 본격적으로 합류했다. 한성정부를 수립하는 대한국민대회 조직에 참여했으며, 자신이 다녔던 보성전문학교 출신 인사들과 교류하면서 전국적인 활동가로서 기반을 다지게 되었다.

『장병준 평전』(박남일 지음)

장병준의 일제하 활동 경력 중에 가장 흥미를 끄는 부분은 상하이 임시정부에서 비밀 요원으로 활동한 점이다. 1919년 4월 30일부터 5월 13일까지 상하이에서 열린 대한민국 임시정부 임시의정원 제4회 회의에서 장병준이 한남수, 김철과 함께 전라도 대표의원으로 선출되었다는 기록이 남아 있다.

임시정부 운영을 맡았던 임시의정원 의원으로 선출된 것 자체가 나름대로 활동력과 신뢰성을 확보하고 있었다는 근거다. 당시 장병준은 1919년 5월부터 상하이와 연해주, 국내를 오가는 비밀 연락 임무를 담당했으며, 독립운동 조직을 지원하는 임무도 수행했다. 특히 1919년 여름 서울에서 결성된 '대한국민회'의 활동에도 참여했고, 대한국민회와 임시정부 사이의 연락, 선전물 배포 등을 맡으며 조직 지원 활동을 지속했다.

장병준은 1920년 초 군자금 조달 목적으로 귀국하여 서울에서 이동욱 등과 3·1운동 1주년 기념 투쟁을 대대적으로 추진하다가 일본 경찰에 체포되었다. 2월 말에는 3·1만세운동 1주년을 맞이하여 전국 각지에서 대한국민회, 혈성단 등의 이름으로 전면적인 봉기를 촉구하는 홍보물이 뿌려졌다. 1주년 운동에 장병준도 적극 참여했다.

또한 목포를 중심으로 신안 출신 표성천과 서태석을 연결하여 거사를 준비했다. 3·1운동 1주년 기념 투쟁과 관련된 일은 자은도 표성천, 암태도 서태석 등 관련 인물이 1920년대 들어 신안 지역을 대표하는 활동가로 전향하게 된 계기가 되었다. 이 일로 일본 경찰에 체포된 장병준은 징역 3년을 선고받아 옥고를 치르다가 1922년 6월 가석방되어 풀려났다.

이후 장병준은 장산도에 학교 설립을 주창하거나 하의도 농민들의 토지 탈환 운동을 지지하는 등의 활동을 계속했다. 특히 완도 소안도 출신 독립운동가 송내호와 활발하게 교류하여 송내호가 조직한 독립운동 비밀결사 수의위친계에도 참여했다.

이후 장병준은 1927년 신간회 목포지회 활동에 적극적으로 나섰다. 임시정부 활동과 만세운동을 주도한 경험이 있는 장병준은 많은 사람에게 신뢰받았기에 신간회 목포지회를 이끌 적임자였다. 장병준은 좌우 세력 간 갈등을 봉합하고 전국적인 활동을 위해 신간회 총무간사·목포 대표 등을 맡았다. 1929년 발생한 광주학생항일운동의 진상 규명에도 적극적으로 앞장섰다.

독립운동가 장병준의 특징 중 하나는 광복 후에도 왕성한 활동을 했다는 점이다. 이승만 독재가 기승을 부리던 1959년에는 민주당 전라남도당 위원장에 선임되었고, 1960년 '3·15부정선거 규탄시위'에 앞장서기도 했다.

한평생을 조국의 독립과 민주화를 위해 헌신한 장병준은 1972년 광주시 자택에서 80세의 나이에 생을 마감했다. 정부에서는 장병준의 공을 기리기 위해 1963년 대통령 표창을 수여했고, 1980년 건국포장, 1990년 애국장을 추서했다.

한편 장병준의 동생 장홍염도 휘문고등학교 재학시절 총독부 정책을 비판하며 독립운동을 했다. 그는 해방 후 민주주의 운동에 앞장선 인물로 유명하다. 섬 출신의 형제가 일제강점기 독립운동가로 명성을 얻은 것이다.

암태도 소작쟁의 승리 이끈 농민운동의 영웅
서태석

서태석(徐邰晳, 1885~1943)은 암태도 소작쟁의를 승리로 이끈 농민운동의 영웅이자 독립운동가다. 그는 어릴 적에 서당에서 한학을 공부했던, 아주 평범한 사람이었다. 섬마을에서 한약방을 열어 일대에서는 명의로 알려지기도 했고, 1913년 무렵부터 약 7년간 암태도 면장을 지낸 이색적인 경력이 있다. 1919년을 계기로 일제 식민통치에 대한 조국의 현실을 자각하고, 이후 항일운동가의 길을 걷게 되었다.

그는 1920년 목포에서 3·1운동 1주기를 맞이하여 관련 홍보물을 배포하다가 일본 경찰에 체포되어 약 1년간 수감생활을 했다. 이후 군자금 확보를 위해 국내외에서 활동했다. 그러다가 1922년 러시아 블라디보스토크에서 활동하는 독립투사들을 만나면서, 당시 새로운 이념으로 제시된 사회주의 사상을 접하게 되었다. 그 후 고향 암태도에 돌아와서 1923년 12월 암태소작인회 결성에 참여하고, 암태도 소작쟁의를 주도하게 되었다.

소작쟁의는 불합리한 소작률을 개선하기 위해 농민이 지주에게 저항하는 운동이다. 그러나 일제강점기 소작쟁의 운동은 일본 제국주의

에 대항하는 항일운동이자 민족운
동이라 할 수 있다. 3·1운동에 놀란
일제는 한국 사회가 지닌 공동체
의식을 해체하기 위해 민족말살정
책을 강행했으나, 서태석을 중심으
로 똘똘 뭉친 암태도 주민들은 오
히려 더 강한 단결력을 보여주었다.

서태석 초상(신안군청)

암태도 소작쟁의가 발생하자 일
본 경찰들은 지주 편을 들고, 농민
대표들을 체포하고 구속했다. 이에 섬 주민들은 돛단배에 몸을 싣고
바다 건너 목포로 항의투쟁에 나서 1차로 400여 명, 2차 600여 명이
집결했다. 목포법원 앞에 모여 동료들의 석방을 요구하며 목적 달성
을 위해 단식투쟁을 했다. 굶어 죽기를 각오하고 싸운 암태도 주민들
의 노력에 많은 이들이 동조하고 나섰다. 그들의 치열한 싸움이 각종
언론을 통해 상세히 보도되었고, 전국 각지는 물론 해외에서까지 암
태도 농민들을 응원했다. 결국 농민들의 요구는 받아들여져 소작률을
낮추는 협상이 이루어졌다.

치열한 투쟁 끝에 암태도 소작쟁의가 승리를 쟁취하게 되자, 인근
섬 지역을 중심으로 각종 소작쟁의가 연이어 일어났다. 이처럼 암태
도의 사례는 일제하 소작쟁의의 도화선이 되었다.

암태도 소작쟁의의 영웅이지만 독립운동에 앞장선 서태석의 운명
은 매우 불행했다. 서태석은 암태도 소작쟁의 이후 다양한 방식의 항
일운동을 전개했다. 노동운동은 물론 당시 지식인들 사이에서 유행하
던 사회주의 운동에도 적극 가담했다. 그 과정에서 여러 차례 수감생
활을 하게 되고, 극심한 고문을 받았다. 감옥에서 풀려난 후 그의 건

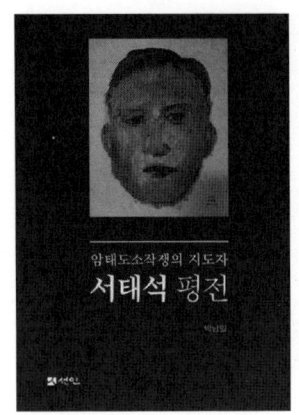

『서태석 평전』

강 상태는 최악의 상황이 되었다. 고문 후유증으로 인한 정신분열 증세로 더 이상의 활동이 불가능해진 서태석은 암태도로 돌아왔지만, 독립운동가에 대한 일제의 감시가 너무 심해 고향조차 편안한 안식처가 되어주지 못했다.

그는 정신병자처럼 곳곳을 전전했고, 말년에는 동네 주민들로부터도 따돌림당하는 수모를 겪었다. 그러던 어느 날 서태석은 누이가 살던 압해도의 어느 논둑에서 벼 포기를 움켜쥔 채 숨을 거두고 말았다. 이것이 현재 알려진 농민운동의 영웅 서태석의 최후 모습이다.

광복 후에도 오랫동안 서태석의 활동 경력은 기념의 대상이 아닌 금기의 대상이 되었다. 일가친척들이 감시와 탄압을 받았고, 암태도 사람들이 추모비를 세우는 것조차 제재를 받았다. 그가 사회주의 사상을 지녔고, 공산당 활동 경력이 있다는 점 때문이다. 남북이 갈라진 현실 때문에 독립운동에 앞장선 사실이 명백해도 오랫동안 독립유공자로 공훈을 인정받지 못한 것이다. 그러다가 2003년 8월에 비로소 독립유공자 건국훈장 애국장을 받게 되었다.

한편 광주학생항일운동의 발단이 된 박기옥이 암태도 소작쟁의의 영웅 서태석의 며느리였다는 사실은 흥미롭다. 광주학생항일운동에서 박기옥은 시험거부 백지동맹 등 항일시위에 참여하다 강제 퇴학당했다. 그런 경력이 있는 나주 사람 박기옥이 암태도 서태석의 며느리가 되었다는 점은 당시 독립운동가들의 사회적 네트워크를 보여주는 증거다.

2019년 정부에서는 박기옥에게 대통령 표창을 수여하여 시아버지와 며느리가 동시에 독립유공자가 되었다. 서태석은 일제강점기 암태도 소작쟁의 승리를 이끈 농민운동 지도자이자 항일운동가였고, 그의 며느리는 광주학생항일운동의 주역이었던 것이다.

한국광복군에서 활동한
김배길

　김배길(金倍吉, 1926~2020)은 안좌면 읍동리 출신의 독립운동가로, 호
는 사운, 김우길(金佑吉)이다. 안좌보통학교를 졸업하고 가정형편으로
중학교에 진학하지 못하고 있다가, 2년 후 1942년 농업실습학교에 입
학했다. 재학 중 교육 방침을 둘러싸고 교사와 갈등이 일어나 학교를
그만두었다. 당시 김배길이 다니던 학교의 일본인 교장이 "우리 학교
에서 일본군에 입대한 사람이 한 명도 없다"라며 자꾸 입대를 강요하
여 일본군에 입대하게 되었다. 원래 자신은 일본군에 입대할 생각은
전혀 하지 않고 있었다고 한다.

　그런데 어차피 다 가야 하니 기왕에 가려면 먼저 가는 것이 좋다는
분위기 속에 1942년 6월 1일 일본군 특별지원병 모집에 지원하여 태
릉의 특별지원병훈련소에서 6개월간 군사훈련을 받았다. 1943년 일
본군에 징집되어 일본육군 제2927부대에 배치되었다.

　김배길의 증언에 의하면, 그는 부끄럽게도 당시 임시정부의 활동이
나 광복군의 존재를 알지 못했다. 1943년 가을에야 일본국 첩보국 첩
보 문서를 보고 조선인들이 독립운동을 하고 있음을 알게 되었다.

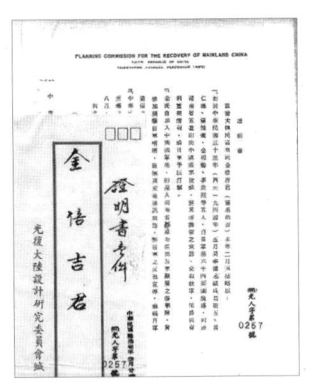

김배길

김배길 한국광복군 활동 증명서

중국 충칭에 임시정부가 있고 광복군이 있다는 사실을 확인한 후에야 자신을 멍청이라 자책했다. 그것도 모르고 일본 군인으로 전쟁에 참여한 자신이 부끄러워 죄책감에 고민하다가, 항일 구국을 목적으로 우국동지회를 조직하여 활동했다. 그는 이때부터 동료들에게 임시정부와 광복군의 존재를 알려주는 활동을 했고, 뜻을 함께하는 사람이 20여 명에 이르렀다.

김배길의 일본군 탈출 과정은 극한의 고통과 고난의 연속이었다. 1944년 5월 목숨을 건 탈출을 시도했는데, 그 과정이 얼마나 힘들었는지 이튿날 피가 섞인 소변이 나올 정도였다.

한국광복군은 중화민국 국민과 합작하여 두 나라의 독립을 회복하고자 공동의 적인 일본 제국주의자들을 타도하기 위해 연합군의 일원으로 항전 활동을 했다.

즉 과거 30여 년간 일본이 병합 통치하는 동안 우리 민족은 불명예스러운 노예 생활에서 벗어나기 위해 무자비한 압제자에 대한 영웅적 항쟁을 계속해 왔다. 영광스러운 중화민국의 항전이 4개년에 걸쳐 진행되고, 큰 희망을 갖고 조국의 독립을 위해, 우리의 전투력을 강화하기 위해 한국광복군을 창립한 것이다. 한국광복군은 국가의 해방 운동과 특히 우리의 압박자 왜적에 대한 무장 항쟁 준비를 통해 한·중 연합 전선에서 우리 스스로 부단히 투쟁하며 극동 및 아시아 인민 중에서 자유 평등을 쟁취하는 것이 목표였다.

김배길은 탈출 후 중국군 제9전구 사령부 제4군 유격대에 배속되어 활동하다가 1945년 2월 드디어 광복군에 편입되었다.

어느 날, 군복을 입은 한 남성이 다가와 평안도 사투리로 "당신들 정말 조선사람들이요?" 하고 물었을 때 그는 너무나 기뻤다. 김배길은 광복군 제1지대 제3구대 제3분대에서 정보를 수집하는 공작 반장을 맡아 항일독립운동을 전개했다.

그는 한·일어 전단 및 표어 작성, 한·일어 벽보 작성 공작 등을 임무로 하는 심리 작전을 하면서, 대적 방송과 포로 심문 및 적 문서 번역을 통한 정보 수집, 일선 중국군 장병들에 대한 일본어 대적 구호(口號) 교육 등의 작전 임무를 수행했다. 우군의 특수전 분야에서 적지 않은 성과를 거두어 광복군 활동의 중요성을 인식하게 했으며, 제3분대 공작반장으로 핵심적인 활동을 전개했다.

1945년 8월 15일, 전투를 마치고 밤 11시에 돌아와 일본군 항복 소식을 들었다. 광복군들은 너무 기뻐서 다음날 해가 중천에 뜰 때까지 춤을 추었다.

광복이 되자 후난성 현지에서 중국군과 함께 일본군 무장 해제 작업에 참여했고, 1946년 6월 인천으로 귀환했다. 1947년 경찰에 들어가 1953년까지 철도관구 경찰로 근무하던 중 낙동강 전투에 참전했다. 이후 전라북도 경찰국과 광주지방검찰청 등에서 근무했다.

정부에서는 그의 공을 기리어 1982년 대통령 표창을, 1990년 애족

장을 수여했다. 그는 2020년 세상을 떠나 국립대전현충원 독립유공
자 제6묘역에 안장되었다.

여수수산학교 독서회, 항일운동 참여
손대형

    손대형(孫大亨, 1911~1975)은 1911년 전라남도 완도군 고금도에서 태어났다. 고금도는 다른 섬들보다 논이 많고 높은 산이 없어 밭이 많았다. 하지만 주민 가운데 자작농은 5% 남짓이었다. 대부분은 일본인이나 외지 대지주의 땅을 소작했다. 이처럼 구조적인 모순 속에 고금도는 어느 지역보다 항일의식이 높았다.

    고금면에서는 3·1운동 다음 해인 1920년 이현렬 등이 주도하여 무려 300여 명 규모의 독자적인 독립만세 시위를 벌였다. 고금도 주민들은 태극기와 격문을 뿌리고, 마을별로 책임자를 정해 많은 인원을 동원했다. 실행 과정에서 고금보통학교 학생들의 활약이 컸다. 이 학생들 중 일부는 덕암산 정상에 올라 태극기를 흔들며 경찰을 유인했다. 이를 본 경찰이 학생들을 검거하러 산에 올라간 덕분에 고금도 주민들은 아무런 방해 없이 고금보통학교에 모여 만세 시위를 할 수 있었다.

    1920년대 후반 완도 항일운동의 중심지였던 소안도가 강력한 탄압으로 동력을 잃자 고금도는 새로운 항일 중심지로 떠올랐다. 1929년에는 도쿄 유학을 마친 이현렬이 주도하여 새로 만들어지는 간척지에 대한 주민들의 권리를 주장하며 이른바 '용지포 간척지 투쟁'을 벌였다. 이때 주민이 5백여 명이나 참여했다.

손대형

손대형은 이런 지역적 분위기에서 유년기를 보냈을 뿐 아니라 광주학생독립운동에 참여했던 고금도 출신 장석천, 이기홍을 통해 항일의식을 갖게 되었다. 1930년대에 이기홍, 최창규 등 광주학생독립운동으로 퇴학당한 이들이 '전남운동협의회'를 결성했다. 전남운동협의회는 '아래로부터의 통일전선'의 농민운동을 전개하여 야학이나 연극을 통해 농민들의 의식을 높였으며, 농민들의 생존과 관련 깊은 소작쟁의에 도움을 주었다.

손대형은 1930년 3월 고금보통학교를 졸업하고 4월 여수 공립 간이수산학교(여수수산학교)에 입학했다. 당시 여수는 수산자원이 풍부한 바다를 끼고 있어 남해안 수산업의 중심지로 주목받는 곳이었다. 졸업 후 취업도 유리했다. 손대형 역시 이 학교를 잘 마치면 안정적인 진로가 보장되어 있었다.

하지만 손대형은 항일운동을 위해 독서회에서 활동했다. 여수수산학교에서는 1930년 초 졸업한 윤경현과 재학생 이용기 등을 중심으로 사회주의 사상을 연구하는 독서회가 조직되었다. 이들은 윤경현을 회장으로 뽑고 경찰의 눈을 피하기 위해 3개 조로 나누어 활동하기로 했다. 이들은 조별로 매월 50전씩 회비를 모아 사회주의 서적을 사서 돌려 읽었다.

한편 광주학생독립운동의 열기가 채 가시지 않았던 1930년, 여수

여수지역 독립유공자 기념식(2020년)

수산학교 학생들은 일본인 교사가 수업 시간에 술을 마시고 들어와 한국인 학생들을 때리고 민족 차별적인 발언을 하자 동맹휴학을 통해 항일운동을 전개했다. 학생들은 '민족차별 철폐하라.' '한국인에게는 한국사를 가르쳐라.', '모국어 사용을 막지 말라.'는 요구 조건을 내세우며 학교에 맞섰다. 독서회가 발각되고 일제 경찰은 이를 빌미로 회원들을 치안유지법 위반 혐의로 검거했다. 이때 손대형은 검사에 의해 기소유예 처분을 받았다. 결국 손대형은 퇴학당했다. 독서회 사건 이후 손대형은 감옥에 간 동지들이 석방될 때까지 여수에 남아 학생운동을 주도했다.

그 후 의사가 된 손대형은 1947년 장성에서 동료 의사와 대창의원을 공동 개원하여 의료활동을 전개했다. 그는 1949년 여순 10·19사건 중에 왕진 가다 산길에서 부근 빨치산에게 총을 맞았다. 당시 함께 갔던 의사는 그 자리에서 죽고 손대형은 총을 맞은 채 사경을 헤매다가 한 주민이 그를 발견해 목숨을 건졌다. 사고로 큰 충격을 받은 그는 병원을 정리하고 고향 완도로 돌아왔다.

이후 손대형은 완도 지역에서 지금의 공중보건의에 해당하는 공의로 활동했다. 그는 완도 금일, 신지, 조도, 고금도 등을 돌아다니며 열악한 의료환경에 처한 섬사람들을 돌봤다. 이후 손대형은 교육 문제에 관심을 갖게 되었고, 도서 지역 학교 설립의 필요성을 강하게 느꼈다. 고금도에서 지역 학교 설립에 대한 요구가 거세지자 손대형도 힘을 보태 고금실업고등학교 설립에 기여했다. 손대형은 초대 교장을 맡아 지역교육의 기반을 다졌다. 고금실업고등학교는 공립으로 전환되었으며, 현재는 고금고등학교로 남아 있다.

손대형은 지역 발전을 위해 힘쓰다 1975년 65세의 나이로 생을 마감했다. 정부는 그의 독립운동에 관한 공을 기려 2020년 대통령 표창을 수여했다.

목포 4·8만세운동의 주역
박상렬

박상렬(朴相烈, 1897~1981)은 1897년 전남 목포 창평동에서 태어났다. 목포공립상업학교를 졸업한 후 그는 자신이 살던 창평동에서 미곡상을 하면서 오랜 친구 남궁혁으로부터 국제 정세와 독립운동의 필요성을 들었다. 그는 남궁혁의 말에 동조하여 목포 청년들을 불러 모아 4·8 독립 만세운동에 적극 참여했다.

부유한 집안 출신인 남궁혁은 일본 유학을 하면서 알게 된 2·8 독립선언과 윌슨의 민족자결주의를 박상렬에게 상세히 설명해 주었다. 박상렬은 이에 동조하여 동생 박상술, 박상오까지 규합하여 시위운동을 전개해 가게 되었다.

이들은 양동교회에서 시위를 준비한 개신교 계열 운동 세력과 협력하여 3월 중순에 만세운동을 일으키기로 했으나 3월 10일 광주에서 만세 시위가 일어나는 바람에 일본 경찰들의 경계 태세가 심해져 거사를 4월 8일로 미루게 된다.

박상렬은 만세운동을 준비하는 과정에서 태극기와 인쇄물을 준비하는 데 큰 역할을 했다. 아버지 박성칠이 운영하는 철공회사에서 사비로 태극기와 인쇄물을 완성시켰다. 인쇄물에는 "3천만 동포의 봉기에 우리 목포인들도 적극 호응하자!"라는 문구가 적혀 있었다. 일본 경찰에 이 인쇄물이 발각되기라도 하면 만세운동 준비가 허사가 될 위기였다. 박상렬은 꾀를 내어 인쇄물과 태극기를 자기 미곡상 쌀가마로 숨겼다.

박상렬

4월 7일, 숨겨 둔 태극기와 독립선언문 인쇄물을 꺼냈다. 이튿날의 만세운동에 대비하여 목포의 조선인 가정에 배부하기 시작했다. 만세운동 낌새를 알아챈 일본 경찰들은 아침이 되자 목포 곳곳에 경계를 섰다. 거리에는 헌병이 대기하고 있었다. 박상렬 형제와 개신교 세력들은 각기 다른 곳에서 만세운동을 일으켜 일본 경찰들을 혼란스럽게 하고자 했다. 박상렬은 목포상업학교에서, 박상오는 목포공립보통학교에서 그리고 개신교인들은 영흥학교와 정명여학교에서 만세운동을 진행해 갔다. 목포 곳곳에서 만세운동이 일어나자, 삽시간에 사람들은 거리로 뛰쳐나와 "대한독립 만세"를 외쳐댔다.

일본 헌병과 경찰들은 목포 곳곳에서 진행된 4·8만세운동을 총칼로 진압해 갔다. 시위대들이 다치건 말건 신경 쓰지 않고 총칼을 휘둘러 댔다. 그러나 무자비한 일본 경찰들의 탄압에 조선인들은 총칼을 뺏기만 할 뿐, 폭력으로 대항하지 않는 평화 시위를 이끌어 가려고 안간힘을 썼다.

하지만 결국 박상렬을 포함한 조선인들은 일본 헌병과 경찰들에게 진압되고 말았으며, 80여 명이 목포경찰서로 잡혀 들어갔다. 목포경찰서에 수감된 박상렬은 팔, 다리가 모두 묶인 채 채찍질을 당해야 했

목포근대역사관의 박상렬 코너

다. 얼마나 고된 고문이었는지, 이때 얻은 상처는 평생 몸에 장애로 자리 잡았다. 동생 박상술은 고문 후 정신분열 증세를 보이다가 결국 자살하고 말았다.

이런 시련에도 박상렬은 독립에 대한 열망을 잃지 않았다. 출소 후 대한민국임시정부 출범 소식을 듣자 상하이로 가서 임정 자금 마련을 하는 등, 독립운동에 투신했다.

정부는 1990년 건국훈장 애족장을 추서했다. 1995년 국립대전현충원 독립유공자 2묘역에 이장되었다.

한편 동생 박상술(朴相述, 1900~1922)은 형 박상렬과 독립만세운동을 하다가 체포되어 불기소 처분을 받았다. 정부는 2019년 건국훈장 대통령 표창을 추서했다.

박상렬, 박상술, 박상오 3형제가 목포의 독립만세운동을 주도한 것은 가벼운 일이 아니다. 민족정기를 바로 세워야 하는 시기에 3형제가 벌인 항일정신의 의로운 투쟁을 기억할 일이다. 목포근대역사관 2관에서는 3형제 독립운동을 기념하고 있다.

목포 4·8만세운동의 개신교계 대표
서상봉

서상봉(徐相鳳, 1870~1927)은 개신교계를 대표하는 목포 4·8만세운동의 중심인물이다. 그는 울산 태생으로, 목포에는 상업에 종사하기 위해 넘어왔다. 그러던 중 목포로 건너온 유진 벨(Eugene Bell, 1868~1925) 선교사의 전도로 개신교 신도가 되었으며, 1898년 목포 양동교회 설립에 가장 큰 공을 세운 인물 중 한 명이다. 이후 양동교회에서 영흥학교, 정명여학교를 설립하게 되었을 때도 서상봉은 금전적인 후원을 아끼지 않았다.

목포 4·8만세운동을 계획할 때 서상봉은 개신교 세력들의 중심에 섰다. 그는 자기 집에서 양동교회 신도들인 곽우영, 강석봉, 양병진 등과 만나 만세운동을 준비했다.(강석봉은 광주 3·1운동을 주도한 강석봉과 동명이인이다. 인터넷에는 두 지역 강석봉의 활동이 뒤섞여 소개되므로 주의해야 한다.)

신도뿐만 아니라 정명여학교, 영흥학교 학생들도 서상봉의 집에 방문하여 만세운동 진행 계획을 같이 세워갔다. 청년, 학생들과 상의하여 4월 8일이 거사일로 정해지자, 개신교계에서도 만세운동 준비에 박차를 가했다.

목포 3·1운동 기념탑

양동교회가 목포 3·1운동 진원지
임을 알리는 안내판

　정명여학교 교사 강석봉은 학생들과 함께 물감을 칠하여 태극기를
준비했으며, 이를 서상봉이 받아 만세운동이 있기 4일 전부터 목포 곳
곳의 조선인 가정에 태극기를 배분했다. 4월 7일 거사 하루 전, 개신
교 세력들은 서상봉의 집에 모여 마지막 점검을 했다.

　4월 8일 일본 경찰들은 목포 거리 곳곳에 배치되었다. 시위를 예감
한 경찰들의 선제 조치였다. 곧 일본 경찰들은 개신교 세력들이 만세
운동을 벌이는 양동 부근에 접근하고 있었다. 이때 서상봉은 가장 큰
태극기를 들고 교인들을 지휘하고 있었다. 주도자로 보이는 서상봉을
일본 경찰들이 붙잡아 가려고 했으나, 교인들과 학생들이 그를 보호
했다. 서상봉은 곧 일본 경찰들에게 붙잡히게 되었지만, 끝까지 태극
기를 놓치지 않고 만세를 외쳤다. 일본 경찰의 저지에도 계속 만세를
외치자 그들은 서상봉의 양팔을 잘라버렸다.

　서상봉은 양팔이 잘렸음에도 더 크게 만세를 불렀다. 이 모습을 본
주위 교인들과 학생들은 만세를 더 크게 외쳤다고 한다. 서상봉을 비
롯해서 일본 경찰들의 무자비한 진압에 잡혀간 목포 시민이 80여 명

이나 되었다.

이들은 경찰서에서도 심한 구타와 고문을 받았다. 박상렬의 동생 박상술은 고문으로 정신 착란을 일으켜 출소 이후 자살하고 말았다. 특히 개신교 시위대 앞에 섰던 서상봉은 부상을 견디지 못하고 5개월 동안 옥살이를 하다가 병세 악화로 석방되었다. 하지만 양팔을 잃은 상처와 고문 후유증으로 1927년 세상을 떠나고 말았다. 이 밖에도 약 40명이 보안법과 출판법 위반으로 1~3년 징역형을 받았다.

목포에서의 만세 시위가 이렇게 대규모 시위로 발전된 것은 일찍이 개항장으로 많은 일본인이 들어와 있었으며 나주평야를 등지고 있어 쌀을 반출하는 수탈 항구라는 인식이 강했기 때문이다. 또한 전남 지역에서 개항이 가장 빨랐던 만큼 개신교 선교사들이 일찍 들어온 곳으로, 선교사들이 세운 정명여학교, 영흥학교 같은 교육 기관들이 세워져 식민지 교육이 아닌 자유로운 교육 풍토에서 민족의식을 성장시킬 수 있었던 점이 컸다고 할 수 있다. 여기에 서상봉을 비롯한 목사 이경필, 장로 양경팔, 서화일, 박여성 등 개신교 신자들이 주도적으로 참여했기 때문이다.

정부는 1986년 서상봉에게 대통령 표창을 서훈했고, 1990년 건국 훈장 애족장을 추서했다.

목포 학생항일운동의 주역
박종식

　박종식(朴鍾殖, 1910~1948)은 1910년 12월 20일 진도군 고군면 지막리에서 박원배와 곽동순의 3남 3녀 중 장남으로 태어났다. 부인 창녕조씨 조순덕과의 사이에 박창원(재미 실업가), 박경원, 박지원(전 김대중 대통령 비서실장, 국회의원) 등 3남 1녀를 두었다. 1948년 39세의 나이로 세상을 떠났다.

　1929년 11월 3일 광주학생운동으로 시작된 목포학생운동은 목포상업학교를 중심으로 전개되었다. 당시 목포상업고등학교 3학년에 재학 중이던 박종식은 광주 학생들과 연계해 목포 시내 각 학교에 진정서를 보내 동맹 휴교를 합의했다. 10개 항으로 된 유인물 1,500장과 태극기 120매를 제작하여 학생들에게 배포했다.

　박종식은 1929년 11월 16, 17일 양일에 걸쳐 활동하다 현장에서 체포되어 목포형무소에 구금되었다. 이후 광주지방법원 형사부로 넘겨졌는데, 1930년 3월 4일 자 『동아일보』에는 박종식이 출판법 위반, 시위 주동, 보안법 위반, 전신법 위반 등으로 재판을 받은 사실이 보도되었다. 당시 신문은 목포상업학교 학생 18
명에 대한 공판 기록을 실었다. 목포상업
학교 학생으로 박종식과 거사에 함께했던
진도 출신 학생으로 진도읍의 이광우, 임
회면 매정리의 이재실, 조도면 창유리의
박사배 등이 있다.

박종식

재판 후 박종식은 광주형무소에서 옥고
를 치렀다. 출감 후 진도에 돌아와서는 일
제하에서의 공직을 거부하고 진도 군민들을 지키는 데 앞장섰다. 광
복 직전 큰 흉년이 들었을 때, 일제는 군량미 조달을 위해 진도의 쌀
을 거두어 벌포리 해변에 야적하고 선적을 기다리고 있었다. 박종식
은 진도군 고군면 유지 박종회와 상의해 '우리 백성이 굶어 죽을 판인
데 일본 놈들에게 빼앗길 수 없다'며 땅을 파고 쌀을 숨기게 했다가
나중에 파내어 진도 군민들에게 돌아가게 했다.

해방 후에는 이승만의 남한 단독정부 수립을 반대하고 남북한 통일
정부를 주장했다. 박종식은 체격이 좋고 힘이 강해 씨름판에서 심판
을 보는 일이 많았다고 한다.

그의 3남 박지원은 국회의원으로 지역발전을 위해 왕성하게 활동
하고 있다.

박종식의 묘소는 전라남도 진도군 고군면 도적골 산마루에 있다.
송학사에 배향되었고, 1993년 정부는 그에게 건국포장을 추서했다.

진도군 고군면 송산마을은 항일독립지사 박종식의 고향마을이다.
2009년부터 현재까지 하루도 빠짐없이 태극기가 휘날리고 있다. 작

항일독립지사 박종식 추모비(전남 진도군 고군면)

은 농촌 마을이지만 길목과 집 등에 100여 개의 태극기가 펄럭이고 있다. 태극기가 주민 수보다 많다. 지금도 태극기 마을로 알려져 방문객들의 시선을 끌고 있다. 마을 주민들이 항일독립정신과 나라 사랑을 잃지 않기 위한 활동으로 꾸준히 태극기를 게양하고 관리하는 것이다. 갈수록 애국 애족 정신이 희미해지는 가운데 남도 끝 진도의 작은 마을에서 항일독립정신과 독립지사를 기리는 것은 칭찬할 만한 일이다.

일본에서 비밀결사 조직한
양회종

　화순군 이서면에서 태어난 양회종(梁會鏦, 1919~1993)은 이서공립보
통학교 6학년 때인 1936년 동맹휴학을 주도했다. 학교가 어린 학생들
에게 심한 차별을 하고 농촌 진흥, 자력갱생이라는 미명 아래 학과 수
업보다 노역에 치중했기 때문이다. 양회종은 일본인 교장을 쫓아내는
데 주도적인 역할을 했다.

　양회종이 이처럼 항일의식을 강하게 지닌 것은 보통학교 4학년 때
광주학생독립운동에 가담하여 퇴학당한 종형 양회순에게 감화되면
서다. 이 때문에 국내 진학이 어렵게 되자 그는 일본으로 건너갔다.
1936년 4월 도쿄에 있는 세이소쿠(正則)중학교에 입학했다. 하지만 그
의 항일의식은 일본에 와서 더욱 강렬해졌다. 일기장에 기록해 둔 일
본과 일본인에 대한 비방이 경찰에 발각되는 바람에 체포되어 도쿄
우에노 경찰서에 약 40일간 구금되었다. 양회종은 이 때문에 세이소
쿠중학교에서 퇴학당했다.

　1939년 일본 지바현의 메이린(明倫)중학교에 들어간 그는 항일단체
'라비트 그룹'의 간행물에 '전쟁과 평화'라는 제목의 항일적인 기사를

기고하는 등, 항일운동을 멈추지 않았다. 우여곡절 끝에 고향에 돌아온 양회종은 피신했으나, 8월 7일 일본 경찰로부터 통보를 받은 광주경찰서 경찰에 의해 체포되어 일본에서의 활동, 배후 등을 조사받았다. 그 후 광주경찰서 유치장에 갇혀 6개월 동안 온갖 회유, 협박, 고문 등을 이겨냈다. 이듬해 1940년 2월 11일 기소, 송치되어 광주형무소 미결감으로 옮겨져 재판에 회부되었다. 3개월 후 이뤄진 재판에서 집행유예를 받고 5월에 석방되었다. 학교에서는 이미 퇴학 조치가 내려져 있었다.

여러 차례 퇴학당하고 구속까지 당한 양회종의 항일 의지는 더욱 강렬해졌다. 그는 나라의 독립을 위해서는 힘을 기르는 것이 무엇보다 중요함을 잘 알고 있었다. 그리하여 1941년 4월 5일 메이지대학 법학과에 입학하여 학업에 정진했다. 그가 법학과에 진학한 것은 무엇보다 민족의 대변인이 되고자 함이었다.

귀국 후 그는 고향으로 돌아가지 않고 연고가 있는 만주 두도구(頭道溝)로 피신했으나, 그곳에서 체포되고 국내에 강제 송환되어 바로 소집 영장이 나왔다. 양회종은 신분증을 변조하여 철도원으로 위장하고 일본으로 다시 피신했다. 이런 일이 후일 그에게 '양길동'이라는 별명을 얻게 했다.

일본에 건너간 양회종은 고향 후배이며 니혼 대학에 재학 중이던 박진철의 하숙에 머물렀다. 이들은 전쟁이 막바지에 이르러 독립할 절호의 기회가 왔음을 인지하고 항일운동을 체계적으로 전개하자고 다짐했다. 한국에 대한 일본의 식민지 정책, 특히 민족차별, 한인 학생에 대한 일제 경찰의 감시 미행, 우리말과 한글 말살 문제 등을 쟁점으로 분석, 비판에 집중했다.

1944년 6월 양회종은 도쿄에서 우리 동포가 경영하는 군수공장인

동아제작소에 취직했다. 그 공장 전무로 있던 대학 동창 이강일이 취업을 알선한 것이다. 그는 이강일이 거주하는 판교장 아파트로 숙소를 옮겨 아지트로 삼았다. 이에 앞서 1944년 5월 9일 판교장에서 독서회로 가장한 성도회를 결성했다. 회장 양회종, 총무에 김강현이 선출되었다. 양회종은 다음과 같이 행동강령을 발표했다.

1. 우리 성도회는 독서 친목회를 위장하고 구국 투쟁 활동을 벌인다.
2. 조국 광복을 위한 구국 신념을 굳게 한다.
3. 활동하다가 일본 관헌에게 피검되더라도 끝까지 투쟁한다.

그러던 중 그의 활동이 노출되어 1944년 9월 12일 일본 헌병에 체포되어 스가모 헌병대로 끌려갔다. 1944년 11월 9일, 양회종과 성도회 동지 일행은 지옥 같은 헌병대로부터 스가모 형무소로 이감되었다.

1945년 8월 6일 히로시마, 8월 9일 나가사키에 미국이 원자탄을 투하하여 일본은 항복했다. 나가사키에 원자탄이 투하되던 날, 성도회 동지들은 도쿄지방재판소 다나카 검사의 신문을 받았다. 그리고 일본이 패망하던 이튿날 8월 16일 출옥했다.

그는 1945년 12월 1일 광주서중 교사로 발령받은 이후 민족혼이 서린 광주서중의 전통을 잇는 민족교육에 헌신했다. 해방된 조국이 이념의 소용돌이에 휘말리는 것에 안타까워하던 양회종은 1947년 사립 광주상업학교로 옮겼다. 이 학교에서 교무주임으로 개교 초기 학교 발전의 초석을 닦았다.

한국전쟁이 소강상태로 있던 1952년 9월, 그는 나주중·고등학교 교장으로 부임했다. 이후 목포, 여수, 순천, 광주 등 주요 학교 교장의 중책을 맡아 학교 발전을 이끌었다. 1985년 전남공업고등학교 교장을

애국지사 양회종 묘(대전현충원)

끝으로 정년 퇴임했다.

그는 한국중등교육회 부회장(1970~1972), 전남교육회 회장(1973~1975) 등을 맡아 교원들의 권익 보호에 앞장섰다. 전라남도지사 공로표창(1961), 문교부장관상(1963), 대통령 특별공로상(1970), 국민포장(1971), 국민훈장 목련장(1977) 등을 수상했고, 정년 퇴임하며 국민훈장 동백장(1985)을 받았다.

그의 독립운동 공적을 인정하여 대한민국 정부는 1980년 건국포장을 수여했다.

다혁당에 참가, 항일운동 전개하다 구속된
이홍빈

이홍빈(李洪彬, 1923~1975)은 전남 강진 병영 출신이다. 대구사범학교 재학 중 1941년 2월 15일 권쾌복·배학보·문홍의 등 15명과 당시 대구시 대봉정 소재 유흥수의 하숙집에 모여 항일결사인 다혁당(茶革黨)을 조직했다.

다혁당은 앞서 결성되었던 동교의 항일학생조직 '문예부'와 '연구회'가 회원의 졸업으로 해체될 위기에 처하자 이를 계승·발전시켜 조직을 확대·개편한 단체로, 문학·미술·학술·운동 등 각 분야에 걸쳐 실력을 양성하여 조국 독립 촉진을 목적으로 했다.

또한 다혁당은 교내조직에 국한하지 않고 대외적으로 조직을 넓혀 타교생 및 일반 사회인도 포섭대상으로 했다. 따라서 결사의 명칭도 당(黨)이라 했으며, 조직으로는 당수·부당수 아래 총무·학술·문예·연구·경기부 등 각 부서를 두었는데, 이때 그는 연구부원을 맡았다.

한편 다혁당은 당원의 비밀엄수 및 절대복종, 주 2회 회합과 하급생 지도 등을 당 규약으로 정하고, 1941년 3월부터 동년 5월까지 세 차례 모임을 갖고 당의 활동 상황과 조직 확대에 관해 협의했다. 이들은 민족차별 교육에 반대하여 동교 내 연습과 학생(주로 일본인)과 심상과(尋常科) 학생(대부분 조선인)에 대한 차별 대우 철폐 방안도 토의했다.

그런데 1941년 7월, 대구사범학교 윤독회의 간행물인 〈반딧불〉이 일제 경찰의 손에 들어가게 되어 대구사범학교 비밀결사의 전모가 드러나게 되었다. 이로 인해 그도 경찰에 붙잡혔으며, 그 후 미결수로 2년여 동안 혹독한 고문을 당하다가 1943년 11월 대전지방법원에서 징역 2년 6월형을 선고받고 옥고를 치렀다.

다혁당은 너무도 생소한 단체다. 1930년대 후반 대구사범학교에는 전국의 인재들이 모여들었다. 사범학교는 학비가 전액 면제되었을 뿐만 아니라 장래가 보장되었다. 상위 30%에게는 장학금도 지급되었다. 따라서 학생과 학부모에게 선망의 대상일 수밖에 없었다. 조선인 학생이 중심이 된 심상과는 입학 정원 약 100명, 수업연한이 5년이었다.

이홍빈이 입학한 시기인 1937년에는 중·일 전쟁이 일어났다. 일제는 전쟁에 필요한 인력과 물자를 원활하게 공급하기 위해 국민총동원령을 내렸다. 소위 민족말살정책과 황국신민화 정책이 한층 강화되었다. 이때 내세운 논리가 바로 내선일체와 일선동조론이다. 하지만 일제는 한국인들을 전쟁에 참여하게 하려고 기만적인 술책을 주입시켰다. 민족차별에 대한 학생들의 불만은 1939년 '왜관 사건'으로 표출되었다. 당시 학생들은 여름방학 동안 군수물자 생산과 수송에 강제 동원되었는데, 대구사범학교는 경부선 철로 가운데 왜관역~약목역 복선화 공사에 투입되었다. 7월 하순에 심상과 4, 5학년과 연습과 1, 2학년이 동원되었다. 학생들은 평소 민족차별을 서슴지 않고 학생들을 괴롭힌 일본인 교사를 응징하기로 결의하고, 숙소에 묵고 있던 일본인 교사를 찾아가 집단 구타했다. 이 왜관 사건으로 7명의 학생이 퇴학,

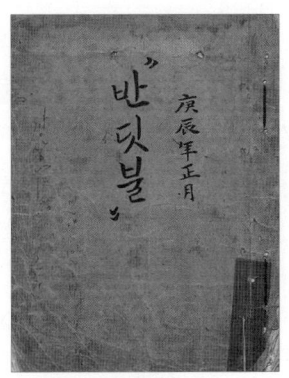

대구사범학생독립운동기념탑(두류공원)　　　　　'반딧불'(윤독회 제작)

11명이 정학 처분을 받았다.

　1941년 2월 15일 저녁 유홍수, 권쾌복, 배학보, 이주호, 조강제, 이홍빈, 문홍의, 박호준, 이동우, 이도혁, 문덕길, 서진구, 최영백, 김성권, 최태석, 이종악, 김효식 17명이 모였다. 문홍의가 독립을 목적으로 하는 비밀결사 조직을 제안했고, 강진 출신 이홍빈도 참여했다. 이름은 '다혁당'으로 결정했다. 하지만 다혁당은 결성된 지 5개월여 만에 일제 경찰에 발각되고 말았다.

　1941년 7월 대구사범학교를 졸업하고 충남 홍성에서 훈도(교사)로 활동하던 정현이 수업 시간에 학생들에게 민족의식 교육을 하다가 발각되었다. 유홍수는 1941년 8월 초에 고향인 충남 서산에서, 권쾌복은 8월 말 개학을 앞두고 포항에서 군사훈련을 받던 중 체포되었다. 이홍빈도 대전에서 체포되었다. 그해 11월까지 300여 명이 체포되었다. 그중 1941년 12월 35명이 예심에 회부되었다. 이 시기 비밀결사 사건으로서는 가장 큰 규모였다. 다혁당은 외부세력의 영향을 전혀 받지 않은 자생적인 조직이었다.

　이홍빈은 출옥 후 1952년 당진중학교 교사, 1962년 전남여자고등학교 교사를 거쳐 1975년 광주문화방송 심의실장으로 근무했다. 1975년 5월 22일 광주시 서석동 자택에서 별세했다.

1963년 대통령 표창이 수여되었으며, 1991년 건국훈장 애국장이 추서되었다. 그의 유해는 국립대전현충원 독립유공자 1묘역에 안장되어 있다.

독립운동의 대부, 대종교 교주
나철

대종교의 초대 교주 나철(羅喆, 1863~1916), 그의 본명은 두영이다. 이후 인영으로 이름을 바꾼 뒤 대종교 중광 후 다시 철로 바꾸었다. 본관은 나주, 호는 홍암(弘巖)이다.

나철은 전라남도 보성군 벌교읍 칠동리 금곡마을에서 부친 나용집의 둘째 아들로 태어났다. 10세 무렵, 매천 황현이 스승으로 모신 구례의 왕석보 문하에서 수학했다. 29세이던 1891년 문과에 급제한 후 승문원 가주서, 권지부 정자 등을 역임했고, 1895년 징세서장에 임명되었지만 부임하지 않았다.

1905년 6월 나철은 국제여론을 파악하고 외교항쟁을 벌이기 위해 미국으로 건너가 국권을 지켜내고자 했으나, 일본 공사의 방해로 뜻을 이루지 못했다. 이에 이기·오기호·홍필주 등과 일본으로 가서 대일 외교항쟁을 전개했다.

나철은 이토 히로부미와 일본 총리대신 오쿠마 시게노부 등에게 "한국의 주권을 보장하고 동양평화를 위해 한·중·일 3국이 친선동맹을 맺고 선린 우의로 독립을 보장하라"라는 의견서를 전달하는 등 외교항쟁을 전개했다.

1905년 11월 18일 을사늑약 체결 이후 4차례에 걸친 대일 외교항쟁이 성과를 거두지 못하자, 나철은 학부대신 이완용, 외부대신 박제순, 군부대신 이근택, 내부대신 이지용, 농공상공부대신 권중현을 동양평화를 해치고 나라의 주권을 팔아먹은 '을사오적'으로 규정하고, 이들을 처단하기 위해 비밀결사를 결성한다. 1907년 결성된 자신회다.

그해 3월 25일 30여 단원과 함께 의거를 결행했지만 실패했고, 나철은 10년 유배형을 선고받고 무안군 지도에 유배되었다.

고종의 특사로 풀려난 후 나철은 일제의 침략에 맞서기 위해서는 나라의 시조인 단군을 구심점으로 삼아야 한다고 주장하며, 1909년 1월 15일 '단군대황조신위'를 모시고 제천 의식을 거행한 뒤 '단군교'를 선포했다. 이날을 대종교에서는 '중광절'이라고 부른다. 중광이란 우리 민족이 믿었던 옛 종교를 되살린다는 뜻이다.

당시 지식인과 우국지사들이 단군교에 몰려들었다. 이에 당황한 일제는 국권 침탈 뒤 제일 먼저 단군 관련 책자 20여만 권을 압수해 불태우는 등 엄청난 탄압을 가했다.

나철은 일제의 탄압을 피하기 위해 1910년 8월 5일 '대종교'로 개칭했다. 경술국치 이후 국내 포교 활동이 금지되자, 1914년 교단 본부를 백두산 북쪽의 화룡시 청파호 부근으로 옮겼다. 백두산을 중심으로 4대 교구를 설치하여 만주를 주요 무대로 교세 확장에 주력하여 30만 신도를 확보했다.

일제는 1915년 종교통제안을 공포하여 무속을 비롯한 국내의 모든 종교 단체를 다시 허가하는 조치를 했다. 그런데 대종교만은 종교 단체가 아닌 항일 독립운동 단체로 규정하여 서울의 남도 본사를 강제

나철

『독립운동의 선각 나철 평전』(김삼웅 지음)

로 해산시키는 등 대대적인 탄압을 했다. 교단이 위기에 처하자 나철은 1916년 8월 15일, 단군 사당인 황해도 구월산 삼성단에서 유서를 통해 김교헌을 2대 교주로 지명하고 순명했다.

그는 순명 직전 다섯 아들에게 다음의 유언장을 남긴다.

"초상에는 울음을 울지 말며, 염(殮)함에 명주 비단을 쓰지 말고 삼베 무명으로 하라. 장사에는 꽃상여 등 옛 제도를 쓰지 말며. 명정에는 성명 두 자만 쓰고 화장하여 깨끗함을 얻게 하고… 제사의 기일에는 고기와 술을 쓰지 말며 한 그릇 밥과 한 가지 반찬으로 하고, 신주를 만들지 말며, 소리 내어 울지 마라."

이 유언은 나철이 어떤 분인지를 잘 보여준다.

1962년, 그에게 건국훈장 독립장이 추서되었다. 장남 나정련, 차남

홍암 나철 기념관 입구(전남 보성군 벌교읍)

나정문도 독립운동을 했다. 대한민국 정부는 1991년 두 형제에게 건국훈장 애국장을 추서했다. 보성에는 홍암 나철 기념관이 조성되었고, 해마다 나철 선생을 기념하는 행사를 연다. 『독립운동의 선각 나철 평전』이 출간되어 구국일념으로 평생을 헌신한 나철 선생의 항일운동이 기억 계승되고 있다.

민족교육의 선각자
윤윤기

마음을 다해 학문을 권장하고 부지런히 힘써
인(仁)을 베풀었다. 은혜를 입게 하고 덕을 베풀며
학교를 세워 오래도록 봄이 오다.

위대하도다. 학산(學山) 선생은 칠원의 훌륭한 집안인데 재주와 품
격이 단정하고 온아했으며 학식이 고명했다. 갑술년 봄 학교건설
을 하여 홀로 계책을 다했으며 어질고 수고를 하고 나무 아래에서
교화함이 극진하여 학교를 준공하여 입실하니 촌음을 아꼈다. 병
자년(1936) 풍우에 교실이 무너져 다음날부터 또 나무 아래에서 교
학하기를 게을리 아니했다.

정축년에 다시 창건하니 노심진력함이 배로 더했다. 기타 지방 출
입에 각종 사업을 친절히 설명하고 지방의 개발에 한결같으니 눈
으로만 보고 있을 수 없고 침묵만 할 수 없어 비석에 새겨 오래도
록 전하게 하고자 한다.

1939년 5월 천포 유지 일동 세움

1939년 보성군 회천면 회천동초등학교(현재는 폐교됨) 앞에 세워진 학산(學山) 윤윤기(尹允基, 윤승원) 기념비에 적힌 글이다. 기념비는 이 학교의 모태가 된 천포간이학교를 개척하고 정착시킨 그의 공덕을 치하해 마을 주민들이 조성한 것이다.

학산 윤윤기(1900~1950), 그는 누구이며 어떤 삶을 살았을까? 지금이야 민족교육의 선각자로 칭송받지만, 그의 삶은 철저하게 베일에 가려져 있었을 뿐 아니라 언급조차 금기시되어 왔다.

윤윤기는 전남 보성군 노동면 신천리에서 부친 윤병남과 모친 김삼송의 2남 1녀 중 장남으로 태어났다. 유교 전통과 엄하고 굳센 가풍의 한학자 집안에서 자랐다.

1924년 전남공립사범학교에 입학하여 이듬해 3월에 졸업하고 훈도(교사)가 되었다. 전남공립사범학교는 현 광주교육대학교의 모체이며, 윤윤기는 제1회 졸업생이다.

그의 첫 발령지는 장흥이다. 1925년 3월 31일 장흥군 안양공립보통학교(안양초등학교) 훈도로 부임했고, 이곳에서 1934년 4월 27일까지 9년간 재직했다. 그는 아이들에게 민족의식을 심어주려고 노력했다. 그에게 배운 제자들은 학산을 '민족혼을 심어준 은사'로 기억한다.

이후 보성보통학교에서 근무하던 학산은 회천면 봉강리에 새로운 학교 '양정원'을 설립했다. 보성 부호 정해룡의 후원이 있었기에 가능했던 일이다. 두 사람은 만나면 늘 민족의 앞날을 걱정했다. 자라나는 아이들에게 독립정신을 심어줄 민족교육의 도량을 세우는 데 두 사람은 뜻을 모았다. 정해룡이 2천여 평의 땅을 선뜻 희사했고, 윤윤기가 전답 20마지기와 14년 봉직한 교원 퇴직금을 보탰다. 윤윤기는 마침내 자기 의지에 따른 교육을 실행할 기반을 갖게 되었다. 무상교육기관 양정원은 1947년 폐교될 때까지 2,000여 명의 학생들에게 민족혼을 심어 주었다.

윤윤기

1992년 4월, 학산의 제자들이 중심이 되어 양정원 터에 표석을 세웠다. 표석에 는 "우리 역사에서 처음으로 무상교육을 편 배움터로, 자주정신과 민족혼을 불러 일으킨 유서 깊은 땅으로 길이 빛날 것"이 라는 내용이 새겨져 있다.

해방 정국에서 윤윤기는 좌우를 넘나들며 몽양 여운형이 걸었던 중간노선을 취했다. 그는 1945년 9월 7일 미군 상륙을 앞두고 오세창, 송진우, 김성수 등 330여 명이 연서한 '국민대회준비취지서'에 이름을 올렸고, 보성군 인민위원회 위원으로도 활동했다. 1947년에는 여운형과 김규식이 결성한 시국대책협의회에도 참여했다.

1948년 여수 순천 10·19 사건이 일어나자 국군과 경찰은 대대적인 소탕작전을 전개했다. 당시 보성 일대는 '낮에는 군경, 밤에는 산 사람'들이 장악하고 있었다. 보성경찰서는 양정원 건물이 산 사람들의 은신처로 이용된다며 윤윤기를 비롯한 주민들을 이주시켰다. 그리고 얼마 후 양정원 건물은 원인 모를 화재로 흔적도 없이 사라졌다.

6·25 전쟁 발발 후인 1950년 7월 21일, 윤윤기는 보성경찰서로 불려갔다. 그리고 다음 날인 7월 22일, 보성경찰서에서 불과 6킬로미터 떨어진 보성군 미력면의 고갯길에서 주검으로 발견되었다. 누가 왜 그를 죽였는지 짐작은 가지만, 아직까지도 진상이 명확하게 밝혀지지 않고 있다.

학산 윤윤기 기념비(1939)   학산 윤윤기 기념비 부석(2003년 설치)

독립유공자 서훈 문제도 풀어야 한다. 국가보훈처는 몽양 여운형을 2005년 독립유공자로 서훈했다. 사회주의 계열 독립운동가 47명도 서훈을 받았다. 그런데 윤윤기는 왜 독립유공자 서훈을 받을 수 없는가? 그의 유족들은 "학산이 지식과 직위, 재산을 전부 내놓았고, 민족교육·반일저항운동·통일 정부 수립에 목숨까지 바친 애국지사임을 국가와 국민이 정당하게 평가해 주고, 억울한 죽음의 진상이 밝혀지기를 희망한다."라고 하소연한다. 하루빨리 학산의 업적이 재평가되어 독립유공자 서훈이 되었으면 한다. 그의 억울한 죽음에 대한 진상도 밝혀지기를 기대한다.

2013년 10월 22일, 광주교육대학교에서는 학산의 흉상 제막식이 열렸다. 흉상에는 '민족교육의 선각자 학산 윤윤기'라고 새겨져 있다. 학생들의 가슴에 민족혼을 불러일으킨 그의 정신을 기리려는 후학들의 마음이 그대로 드러난다.

중도 민족주의와 혁신계, 정해룡

해방 이후 우리나라의 현실은 통일을 주장하는 것조차도 용공 분자로 낙인찍힐 정도로 중도세력이 존재하는 것 자체가 어려운 실정이었다. 그런 가운데 평생 중도 민족주의 노선을 추구하다가 뜻을 펴지 못하고 사라져 간 사람들이 있다.

봉강(鳳岡) 정해룡(丁海龍, 1913~1969)은 보성군 회천면 봉강리에서 정종익의 장남으로 태어났다. 그는 7세 때 아버지를 여의고 할아버지 슬하에서 성장했다. 완고한 할아버지는 집에 독선생을 모셔 놓고 그에게 한학을 가르치면서, 신학문을 접할 기회를 허락지 않았다. 그러나 그에게도 당시 성행하기 시작한 서양 학문에 대한 열정이 있었고, 결국 1929년부터 와세다대학 강의록을 통해 공부를 시작해 소정의 과정을 수료했다. 이렇게 스스로 배우고 익히는 과정에서 그는 민족의 현실과 인간애에 눈뜨게 되었다.

정해룡이 본격적으로 현실에 뛰어들기 시작한 것은 1930년대 중반으로, 1938년 향리에 양정원(현 회천서교 전신)을 설립한 것이 최초의 사회운동이다. 평소 민족교육의 중요성을 절감하던 그는 인근에 훌륭한 선생으로 칭송이 자자하던 윤승원과의 만남을 통해 뜻을 실현했다. 그는 자기 소유의 땅 2천 평에 사비를 들여 건물을 짓고, 학생들을 모집해 무상으로 민족교육을 했다. 당시 양정원은 그가 원장을 맡아 운영을 전담했고, 학생들의 교육에 관련된 부분은 윤승원이 책임졌다. 1940년 무렵부터는 항일운동가들과 자주 회합하면서 독립운동 자금을 조달했으며, 동생을 통해 국제공산당에도 자금을 기부했다.

한편 그는 자신의 부를 토대로 여러 가지 사업을 벌였다. 그가 최초로 만든 사업체는 보성인쇄소다. 1934년 12월 28일 설립된 보성인쇄소는 자본금 25,000원으로, 신문사를 제외하고는 전남에서 가장 큰 규모였다.

1940년대 초반 정해룡은 총독부 개척 단원으로 신분을 위장해 만주를 방문하고 활동가들과 연결을 시도하는 과정에서 경찰에 체포되어 4개월 동안 서대문 감옥에 수감되기도 했다.

1945년 광복이 되자 정해룡의 주변에도 커다란 변화가 다가왔다. 그는 해방 직후 열린 면민대회에서 건준위원장으로 선출되었으며, 그해 가을에는 상경해 여운형의 영향으로 정계에 뛰어들었다. 그러다가 여운형이 근로인민당 결성을 준비하던 1947년 3월, 중앙준비위원회 38인의 일원이 되었다. 1947년 5월 24일 근민당 창당대회 때 중앙위원으로 당의 재정을 책임지게 되었다. 이후 그는 죽는 날까지 여운형 노선을 고수하며 통일운동에 헌신했다.

1947년 7월 19일 여운형이 암살당하면서 근민당의 정치적 지향도 좌절되었다. 이런 상황에 염증을 느낀 그는 여운형의 장례식 후 귀향했다. 하지만 장건상, 김성숙을 중심으로 당이 재건되자, 그도 참여하고 서울과 보성을 오가면서 당 업무에 몰두했다. 당시 정해룡은 분단의 상징인 단선단정(단독 선거와 단독정부)을 반대했다. 이러한 정치적 성

향은 그의 앞길이 순탄치 않을 것을 예고
하기도 했다.

한국전쟁과 이승만의 폭압정치를 피
해 은둔하던 그가 다시 사람들의 입에 오
르내린 것은 1957년이다. 11월 16일, 그는
장건상, 김성숙 등과 근민당 재건을 도모
했다는 이유로 체포되었다. 이 사건은 진
보당 사건과 마찬가지로 그동안 암암리
에 성장해 온 혁신계를 탄압하려는 정치
적 성격이 강한 사건이었다. 당시 사형까
지 당한 진보당 당원들과 달리 근민당 관
련자들은 재판에서 모두 무죄 판결을 받
고 석방되었다.

정해룡

그가 정치의 전면에 등장한 것은 1960
년 4·19로 혁신계의 정치활동이 해빙기
를 맞이할 때다. 당시 중앙의 혁신계 사회
대중당에 정해룡과 그의 동지들도 참여했
다. 그는 1960년 7·29선거에서 사회대중
당 창당준비위원 자격으로 보성에서 출마

『정해룡 평전—역사의 죄인이 되지
말라』 출판기념회 안내지

했다가 또다시 낙선했다. 혁신계의 참패로 종결된 7·29선거 이후 사회
대중당이 통일사회당과 사회당으로 분열되자 그는 김성숙과의 교분
때문에 통일사회당에 입당했다.

그러나 5·16쿠데타로 혁신계 인사들은 또다시 시련을 맞게 되었다.
그는 쿠데타 직후 전국적으로 검거 선풍이 몰아치던 5월 18일 보성경
찰서에 체포되어 서울 서대문구치소에 수감되었다. 그의 죄목은 통일

정해룡 생가(전라남도 보성군 회천면 봉강리)

사회당 활동을 근거로 한 '특수반국가행위'라는 것이지만, 이것 자체가 사후 입법이기 때문에 그의 구속은 불법이었다. 그는 1962년 집행유예로 석방되었다.

출옥 후 1967년 대선을 앞두고 민주사회주의를 표방하며 창당한 대중당에 전당대회 의장 겸 정치훈련장으로 참여했다. 그러나 그의 혁신계 동지들은 1967년 대선에서 후보 단일화를 주장했고, 결국 서민호는 선거 직전에 후보직을 사퇴하고 말았다.

정해룡은 1969년 9월 17일 세상을 떠났다. 1971년, 장건상 등 동지들과 그를 존경하는 향리 유지들이 모여 기념비를 건립하고자 했다. 기념비에는 '우국지사, 봉강 정해룡 선생'이라는 글귀가 새겨져 있었다. 그러나 당국에서는 그가 용공분자이기 때문에 우국지사라는 말을 삭제하라는 압력을 가해 왔다.

결국 그 기념비는 세워지지 못하다가 1990년대에 와서야 마을에 세워질 수 있었다. 최근 봉강 정해룡 선생 평전이 출판되었다.

전남운동협의회에서 적극 활동한
문홍식

문홍식(1916~1987)은 장흥에서 태어났다. 1932년, 그는 구조적으로 가난에 시달리는 조선 농민들의 현실에 문제의식을 갖고 행동했다. 그 계기는 장흥공립보통학교 선배 길양수와의 만남이다.

길양수는 장흥에서 보통학교를 마친 후 경성선린상업학교에 입학했다. 이 학교 재학 중 학생운동에 연루되어 퇴학당했다. 그 후 그는 고향에 내려와 농사를 짓는 한편 사회주의 서적에 심취했다. 문홍식과 지역 청년들에게 사회주의를 소개하는 한편, 가난한 사람들을 괴롭히는 악덕 지주에 맞서기 위해서 농민운동 조직의 필요성을 강조했다.

문홍식은 장평면 양촌리에서 김명선, 길양수, 길덕동, 한재궁 등과 장평농민조합이라는 비밀결사를 조직했다. 이 조직은 지역에서 소작료 감면, 소작농에게 부담되는 공과금을 지주에게 부담시키기 등을 주장하며 운동을 전개했다. 이 같은 활동을 하다가 1933년 전남운동협의회가 지역에 조직되자 자연스럽게 합류했다. 그 후 1934년 2월 전남운동협의회 사건을 수사하는 경찰에게 발각되어 체포되었다. 그는 7개월 가까이 장흥경찰서에서 구금되었다가 광주지방법원 목포지청 검사분국으로 이송되어 수사받은 끝에 9월 기소유예로 석방되었다. 구금 당시 19세였다.

1930년대는 일제의 구조적 수탈에 맞서 각지에서 농민운동이 활발하던 때였다. 당시 농민운동은 주로 사회주의와 밀접한 관련을 맺고 있었다. 전남에서도 사회주의 사상의 영향을 받은 농민운동이 활발했다. 특히 해남과 완도의 노동운동 지도자들은 농민운동을 활성화하고자 서로 긴밀하게 연락했다. 그 결과 1933년 두 지역 운동가들이 힘을 합하여 만든 조직이 '전남운동협의회'다.

이후 문홍식은 1938년 민족교육에 뜻을 가지고 광주사범학교에 진학하여 교사가 되었다. 문홍식과 같이 사회주의 사상에 기반한 농민운동을 하던 세력은 해방 이후 큰 곤욕을 치렀다. 냉전체제와 좌·우 대립 속에 사상을 의심받았기 때문이다.

실제 전남운동협의회 관련자 상당수는 6·25전쟁이 발발하자 보도연맹사건으로 목숨을 잃었다. 문홍식 역시 해방 직후 교사로 근무하던 시절 '빨갱이'로 몰려 우익들에 의해 학살당할 뻔했다. 유가족의 증언에 따르면, 그는 당시 유치면에 있는 학교에 근무하고 있었는데 보림사 인근에 빨치산이 출몰하여 주변 일대를 장악한 일이 있었다. 우직했던 그는 어떠한 상황에서도 학교는 문을 열어야 한다는 신념 아래 평상시처럼 수업을 진행했다. 이로 인해 빨치산이 물러난 후 동조자가 아니었냐는 의심에 시달렸다. 또한 여순항쟁 당시에는 우익 측에 의해 포승줄에 묶여 끌려갔다가 마을 주민들의 구명운동으로 살아남기도 했다.

이후 그는 교직 생활 내내 사상을 의심
받으며 불이익을 받았다. 이로 인해 동료에
비해 승진이 늦어지기도 했다. 그럼에도 장
평국민학교 등 장흥의 여러 학교에서 충실
히 수업했고, 교장까지 지내다 퇴직했으며,
1987년에 생을 마감했다.

전남운동협의회가 결성된
성도암 표석(전남 해남)

광복 후 그의 삶은 비교적 잘 알려지
지 않았다. 하지만 당시 같은 사건으로 구
금되었던 인사들 대부분이 고문 후유증에
시달렸던 것을 생각하면 그 또한 크게 다르
지 않았을 것을 짐작할 수 있다.

그는 2021년 대통령 표창을 추서 받고 독
립유공자로 인정되었다.

문맹 퇴치와 평등 세상을 위한 전남운동
협의회에서의 활동과 문홍식을 비롯한 애국
지사들의 자주독립과 항일정신을 기억해야
할 일이다.

장흥항일독립운동사
(장흥문화원)

항일 반독재의 풍운아
서민호

"일제의 한글 말살 정책에 항거하여 조선어 학회 사건으로 투옥, 고문과 악형에 끝까지 굴하지 않고 조국의 독립과 자유민주주의 수호자로서 선봉에서 조국과 민족의 번영을 위해 한평생을 바치셨으니, 이제 조국의 품에 편히 잠드소서."   _월파 서민호 선생 묘비명

월파(月坡, 月波) 서민호(徐珉濠, 1903~1974)는 일제강점기와 광복 이후 분단과 전쟁, 이후의 독재 정권기를 거치면서 비타협적으로 살아온 인물 중의 한 사람이다. 민족과 외세가 충돌할 때는 민족의 편에 섰으며, 좌와 우가 대립할 때는 우편에 섰다. 정치권력이 시민을 저버릴 때는 시민 편에 서서 독재에 저항한 인물이다.

월파는 1903년 전라남도 고흥군 동강면 노동리에서 부친 서화일과 이원례 여사 사이에 둘째로 태어났다. '지붕 위에 둥근 달이 떨어지는 것을 치마폭에 받았다'는 어머니의 태몽에 따라 그의 호를 월파(月坡)라 했다고 한다.

어린 시절 그의 삶은 풍요로웠다. 6세 때 말타기를 했고, 8세 때는

벌교남교의 전신인 사립 유신학교에 다니다가 11세에 일본으로 유학을 갔다. 이곳에서 '금화심상소학교'에 편입하여 졸업한 후 일본중학에 다니다가 14세 되던 해 어머니가 위독하다는 소식을 받고 돌아와야 했다. 국내 진학으로 방향을 바꿔 중앙학교에 입학했다가 보성고보에 편입하여 졸업했다.

서민호(1928년 12월)

의협심이 강했던 월파는 이 시기에 일본인 학생과 패싸움을 벌이기도 했으며, 〈반도목탁〉지 사건으로 1년간 정학을 당했다. 3·1운동을 위한 지하조직인 전국학생대회의 운동본부장으로 활약하다 1919년 4월 하숙집에서 체포되어 6개월의 옥고를 치러야 했다.

새로운 세상에 대한 동경은 그를 다시 외국 유학에 오르게 했다. 1922년 보성고보를 졸업한 후 일본 와세다 대학 경제학과에 입학하여 졸업하고 미국으로 건너갔다. 벨리아 대학 부속고등학교에서 어학을 공부하고, 오하이오주에 있는 웨슬리언 대학 정치역사학과 3학년에 편입하여 졸업했다. 그 후 뉴욕에 있는 컬럼비아대학 대학원에서 정치사회학을 전공했다. 우리 민족에 대한 구국 방안을 고민하던 월파는 여기서 덴마크의 농민고등학교와 협동조합 운동을 연구했는데, 이는 뒷날 '송명학교' 인수 계기가 되었다.

한복을 즐겨 입던 월파는 수신 과목을 맡아 학생들에게 민족의식을 일깨우려고 했다. 벌교에서 송명학교는 민족교육의 보루였으나, 일제의 가혹한 탄압을 비켜 갈 수 없었다. 송명학교에서도 일본어를 사용할 수밖에 없게 되었을 때, 그는 조선어학회 운영위원이 되어 자금을

서민호 회고록(전남매일 연재 '그때 그 이야기')

대준 것이 드러나 1942년 12월에 종로경찰서에 끌려갔다. 그 후 홍원경찰서에서 10개월에 걸친 취조 끝에 1943년 9월부터 함흥형무소에서 4개월간의 옥고를 치르고 1944년 2월 기소유예로 출감했다.

해방 후 그는 미 군정기 초대 광주시장에 이어 전라남도 도지사, 제2대 국회의원으로 국민방위군사건·거창민간인학살사건 등의 날 선 진상 규명을 통해 이승만 정권과 대결했다. 국회 내무위원장으로 지방 시찰 중 자신을 살해하려는 현역 대위를 사살했다는 이유로 8년형을 선고받고 복역하던 중 4·19혁명으로 석방되었다.

그는 제5대 민의원(국회의원), 국회 부의장, 제6대 국회의원으로 남북한 서신 교류와 군비축소를 주장했다. 하지만 박정희 정권의 굴욕적인 한일회담에 반대하며 의원직을 사퇴했다. 민주사회당을 창당하고, 얼마 지나지 않은 6월 3일의 통일 문제와 월남파병 비판 발언 때문에 반공법 위반혐의로 7월 11일 구속되어 88일 만에 보석으로 풀려났다. 전면 통일에 앞서 부분 통일을 위해 서신 교류, 기자 교류, 체육인 교류, 친척 방문 등을 해야 한다는 것, 김일성과 직접 담판할 수 있다는 것, 베트남 파병은 미국의 대리전쟁이라고 한 것을 문제 삼은 것이다. 결국 반공법 위반혐의로 구속되어 2년 징역형을 살았다.

이후 혁신계열인 대중당을 창당하여 대통령 후보로 나섰다가 반공법 위반 혐의로 다시 구속되기도 했다. 제7대 국회의원으로 옥중 당선되었고, 박정희 정권의 3선개헌 국민투표에 반대하는 운동을 했다. 그야말로 근현대사의 파란만장한 삶을 살다가 71세로 사망했다. 정부는 그에게 건국헌장 애족장을 추서했다.

항일과 반독재의 상징, 월파 서민호 선생의 삶은 우리 근현대사와 함께한다. 자주독립, 민주사회주의 정립, 통일을 위한 온갖 고난과 역경의 길을 걸었던 산증인이다. 민주주의가 흔들리고, 통일이 요원한 이 시대에 서민호 선생의 삶과 정신은 죽비가 되어 우리를 각성하게 만든다.

노래로 독립정신을 가르친
장종국

　장종국(張宗局, 1909~1971)은 1928년 3월 광주사범학교 특과 3학년을 졸업하고 고흥군 과역공립보통학교에서 교직 생활을 시작했다. 그는 평소 일제의 식민통치에 반감이 컸기에 학생들에게 식민지 조선인의 현실을 가르치기 위해 노력했다. 혈기 왕성한 초임 교사 장종국은 1929년 8월경부터 1930년 2월경까지 자신이 가르치는 학생 70여 명에게 여러 차례에 걸쳐 〈우리들의 웃음과 눈물〉이라는 제목의 노래를 가르쳐 부르게 했다.

　이 노래는 가사가 전해지지 않지만, 장종국이 가사를 해설한 내용이 그의 판결문에 남아 있다. 그는 노래 가사를 이렇게 설명했다.

　"우리 조선은 일본에 병합되어 모든 권리는 일본인에게 빼앗기고 우리 이천만 민족은 비참한 처지에 있어 이에 눈물이 난다. 그러나 비판만 하지 말라. 조선은 우리의 노력과 눈물에 의하여 독립할 수 있어 우리가 웃을 시기도 올 수 있다."

　식민지 조선인의 울분과 독립에 대한 의지를 노래에 빗대 학생들에게 가르치고자 했음을 알 수 있다.

그뿐만 아니라 그는 1930년 1월 중순경 교내 등사판을 이용하여 〈우리들의 웃음과 눈물〉 외에도 노래 3곡을 더 담은 인쇄물을 제작하여 학생들에게 나누어주었다. 그는 일제에 의해 보안법 위반 및 출판법 위반으로 기소되었다. 당시 일제 검사는 장종국에게 징역 8개월을 구형했지만, 광주지방법원 순천지청에서 열린 1심 재판에서 판사들은 무죄를 선고했다. 노래 자체만으로는 항일 혐의를 찾을 수 없었기 때문이다.

장종국

하지만 일제 검사들은 포기하지 않고 장종국이 학생들에게 노래의 의미를 해석해 줄 때 항일의식을 전파했음을 증명하려 했다. 이를 위해 일제는 장종국의 제자들을 동원하여 증언하게 했다. 겁에 질린 학생들은 장종국이 "조선인들이 일치단결하여 일어나면 독립할 수 있다."라고 발언했음을 사실대로 진술했다. 결국 장종국은 대구복심법원에서 열린 2심 재판에서 징역 6개월, 집행유예 2년을 선고받았다. 이 과정에서 장종국은 미결수 상태로 118일을 구류되어야 했다.

장종국의 인사기록을 보면 1930년 9월 12일 휴직한 것으로 되어있다. 학생들에게 독립정신을 가르친 일로 송사에 휘말리면서 자의 반타의 반 교직을 떠나야 했던 듯하다. 이후 형이 확정되고 그는 교직을 떠나야 했다. 1933년부터 고흥군 두원면사무소에서 서기로 일하다 1936년 소록도 한센인 수용시설 갱생원의 간호수로 취업하여 5년 가까이 근무했다. 1941년 가까스로 다시 교직에 들어설 기회를 찾아 고흥 도양국민학교 교사가 되었다.

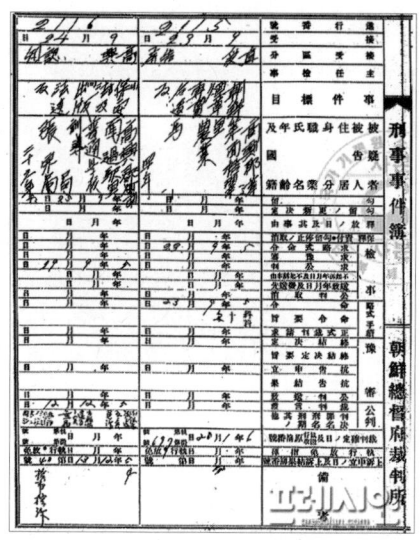

장종국 형사사건 기록(조선총독부재판소)

　　1949년 호남신문에는 장종국이 고향인 고흥군 도양읍에 도양고등
공민학교를 설립하기 위해 힘써 지역민의 칭송을 받았다는 사실이 기
록되어 있다. 고등공민학교는 중학교에 진학하지 못한 사람에게 초등
교육 이상의 교육 기회를 제공하기 위해 1948년부터 설치한 교육기
관이다. 해방 이후 폭발했던 교육열 속에 고등공민학교 설립은 지역
민들의 숙원사업이었다. 이러한 교육기관 설립에 장종국이 큰 역할을
한 것으로 보아 지역 명망가로 꾸준히 활동했음을 알 수 있다.

　　장종국은 도양고등공민학교가 개교하자 초대 교장을 역임했다. 이
후 1952년 녹동국민학교 교장을 거쳐 고흥교육청 학무과장을 지냈고,
극락국민학교, 함평국민학교, 장흥국민학교를 거쳐 고향에 있는 풍양
남초등학교 교장으로 일하다 1968년 퇴직했다. 그는 20여 년 넘게 교
장직을 수행하며 고흥지역 교육 발전을 위해 힘썼다.

　　장종국은 정부가 인정한 독립유공자가 아니다. 후손들의 적극적인

신청이 없었고, 1941년 교직에 복직하여 교사로 근무한 것이 서훈 대상자의 조건이 될 수 없다고 한다. 그가 엄혹한 일제강점기 학생들에게 용감하게 전한 독립정신과 그로 인해 받은 형을 고려하면 독립유공자가 되기에 부족함이 없다. 전남도청에서 미서훈자들의 독립유공서훈 사업을 추진하고 있어 다행이다. 하루빨리 그의 행적에 걸맞은 정당한 대우가 마련되기 바란다.

광주학생항일운동의 성진회 주역
문승수

백산(白山) 문승수(文升洙, 1905~1950)는 전라남도 완도군 군외면 대야리에서 태어났다. 3세 때 부모님을 여의고, 조부인 백수(白受) 문학서 밑에서 성장했다.

1926년 11월 광주농업학교에 재학하던 중 광주 부동정(현재 불로동)에 소재한 최규창의 하숙집에서 광주고보생 등 12명과 모여 조국의 독립, 사회과학 연구, 식민지 노예교육 체제 반대 등을 강령으로 삼은 학생결사인 성진회를 조직하고 부서 및 결의사항을 정했다. 성진회는 광주고등보통학교 김광용·정우채·임주홍·국순엽·안종익·김창주·최용호 등 7명과 광주농업학교 정남균·정동수·문승수·정종석·김한필·박인생 등 6명이 모여 조직했다. 하지만 회원 중 이탈자가 생겨 기밀 누설 위험이 있자, 1927년 3월에 성진회는 해체되고 회원들은 학교별로 조직하도록 방침을 바꿨다.

이후 문승수는 지용수, 강해석 등의 지도를 받고 광주농고생 김만복, 김재룡, 유상걸 등과 농업학교 비밀결사를 조직하고 그 책임을 맡았다. 1928년 4월 농업학교 졸업 후에는 완도의 사립 약산보통학교 교사로 지내면서 학생운동을 지원했다.

1929년 11월 광주학생항일운동 발발 직후 문승수는 경찰로부터 배후로 지목되어 체포되었다. 1930년 10월 27일 치안유지법 위반 혐의로 징역 3년 6개월을 선고받자 대구복심법원에 공소했고, 1931년 6월 13일 징역 1년으로 감형받아 옥고를 치렀다.

문승수

출옥 후 그는 완도에서 황동윤, 최창규와 비밀결사에 가입하여 야학교사, 독서회원 등을 맡으며 민족의식 고취에 힘을 기울였다. 1932년 초 전남운동협의회가 조직되자 그 산하기관으로 완도군 농민조합 건설위원회를 만들고 재정 책임을 맡아 활동했다.

그러나 1934년 2월 전남운동협의회가 일제에 발각되면서 문승수도 체포되었다. 이후 장기간에 걸친 고문과 옥중 투쟁 끝에 1936년 12월 28일 광주지방법원 목포지청에서 징역 1년 6개월을 선고받고 옥고를 치렀다. 형기를 마치고 출옥한 후 일제의 감시가 심하여 활동하기가 쉽지 않아 독립운동 전면에 나서지 않고 사업에 집중하며 독립의 기회를 엿보고 있었다.

문승수는 완도에서 가장 큰 선박 2척을 건조하여 주민들이 생산한 김을 완도 수협에 납품하는 일을 도왔으며, 완도에서 생산된 화목(火木)을 배로 목포에 판매하는 일을 했다. 이 사업으로 그는 재산을 꽤 늘렸지만 축적된 부를 사익으로 취하지 않고 독립운동 자금을 조달하거나 마을 주민 구휼에 사용했다.

백산 문승수 추모비(전남 완도)

1945년 8월 15일 광복이 왔다. 기쁨은 순간이었으나, 치열한 좌·우 이념 대립으로 '친일'과 '빨갱이'로 서로 공격하는 무서운 세상이었다. 혼란스런 상황이었다. 그는 좌·우 어느 편에도 가담하지 않았다.

후손의 증언에 따르면 그는 해방 직후 구성된 완도 건준에 참여했으나 가까운 지인의 변신에 회의를 느낀 후 모든 활동을 중단했다. 일제강점기 독립운동의 수단으로 사회주의 사상을 받아들였고, 그러한 사상을 지닌 이들과 힘을 합하여 독립운동하다 두 차례에 걸쳐 투옥된 적은 있으나 공산주의 체제를 그리워한 적은 없었다.

하지만 1948년 8월 15일 대한민국 정부가 수립되면서 그는 좌익 혐의로 보도연맹에 강제로 가입되었다. 1950년 6월 25일 한국전쟁이 발발하자 문승수 등 완도 보도연맹원들은 1950년 7월 17일, 이유 없이 끌려가 20일 완도 앞바다에 수장(水葬)되었다. 평생을 민족독립을 위해 헌신한 영웅의 억울한 최후였다.

시신은 물론 찾지 못했다. 국립대전현충원 묘에는 부두에서 부친이 강제로 끌려간 것을 목격한 딸이 가져온 현장의 바닷물과 선산이 있는 대야리의 흙이 유해를 대신하고 있을 뿐이다.

대한민국 정부는 1982년 그에게 건국포장을, 1990년 건국훈장 애국장을 추서했다.

광주학생항일운동 기원 성진회 조직
정남균

정남균(鄭南均, 1905~1950)은 1905년 3월 5일 전라남도 완도군 고금면 조약도 탄도리(현 완도군 약산면 장용리)에서 아버지 정병국과 어머니 전주 최씨 사이의 3남 1녀 중 장남으로 태어났다.

정남균은 광주농업학교 재학 중이던 1926년 11월 3일, 광주부 부동정(현재 불로동)에 있던 최규창의 하숙방에서 왕재일, 장재성 등 광주고등보통학교 및 광주농업학교 학생 15명과 함께 조선 독립, 사회과학 연구, 식민지 노예교육 반대 등을 강령으로 하는 항일학생비밀결사 '성진회'를 조직했다.

이들은 매달 회비 10전을 거두어 운영비로 쓰고, 매달 첫째, 셋째 토요일에 모여 민족적 교양 함양과 사회과학을 통한 식민통치의 부당성을 연구하기로 했다. 또한 회원들은 비밀을 엄수하고, 동지들을 포섭해 조직 확대에 힘쓰기로 했다.

그런데 1927년 3월, 회원 중에 전학 가는 학생이 생겼고, 왕재일, 장재성, 박인생 등 주동 학생들이 졸업하게 되었다. 이에 따라 기밀이 누설될 위험이 있다고 판단하여 정남균의 집에서 회의를 열고 성진회를

정남균

해체하기로 했다. 그러나 해체는 형식적이었을 뿐, 주동 학생들의 활동은 계속되었다.

정남균은 1927년 3월 이후에도 모교인 광주농업학교 독서회와 연락을 유지했으며, 고향으로 돌아가 사립 약산학교(현 약산초등학교)에 교사로 부임한 후에도 항일운동을 계속했다. 사립 약산학교는 고금면 조약도 주민 800여 호가 매호에 곡물을 할당하여 거두고 김 양식으로 얻은 수익금을 토대로 1917년 세워졌으므로 사실상 주민들이 세운 학교다.

1928년 3월, 정남균은 「현하(現下)의 조선과 총독부 경제책」이라는 제목의 '산업 제일주의', '산미증식계획' 등 조선총독부의 식민지 경제 정책을 상세히 논한 신문기사 일부분 첫머리 1, 2항 백 수십 행을 등사판 인쇄기로 인쇄하고 10여 장을 출판했으며, 이를 관할 관청의 허가를 받지 않고 배포하려다가 체포되기도 했다. 이들 기사는 당시 동아일보를 비롯한 경기도 경성부에서 발행하던 일간신문에 1926년 5월 말에 시리즈로 연재한 것이다.

이후 1928년 12월 7일 광주지방법원 장흥지청에서 법률 제6호 출판법 위반 혐의로 벌금 20원(벌금 미납부 시 20일간 노역장에 유치)의 형벌을 선고받고 항소했으나 1929년 1월 26일 대구복심법원 형사부에서 제령 제7호 위반 혐의로 형벌이 확정되었다.

그 뒤 1929년 9월 1일 동아일보 완도지국 기자에 채용되어 활동했다. 그해 11월 3일 광주학생항일운동이 일어나자 선생은 성진회 동지들과 이를 지원했다가 이듬해인 1930년 고흥군에서 일본 경찰에 체포되었다.

1930년 7월 17일 광주지방법원에서 치안유지법 위반 혐의로 광주지방법원 공판에 회부되었으며, 10월 27일 광주지방법원 형사부에서 위 혐의로 징역 3년형을 선고받고 대구형무소에서 옥고를 치렀다.

약산항일운동기념탑

출옥 후 정남균은 1937년 3월 31일 고금어업조합 감사에 취임했으며, 1939년 3월 31일 사직했다가 4월 28일 총대회에서 다시 감사에 선임되었다.

8·15 광복 후에는 대한독립촉성국민회 약산면 지부장을 역임했으며, 1950년 9월 24일 고향 완도군에서 타계했다.

1977년 대한민국 정부로부터 대통령 표창에 추서되었고, 이어 1990년 건국훈장 애족장에 추서되었다.

그의 유해는 1992년 7월 9일 국립대전현충원 독립유공자 묘역에 안장되었다.

완도 항일운동의 대부, 만세시위 주도한
송내호

송내호(宋乃浩, 1895~1928)는 소안면 비자리에서 여각을 하던 송윤삼의 장남으로 태어났다. 어렸을 때 마을 서당 침벽재에서 한문을 수학한 뒤 완도 사립 육영학교에 진학했다. 1911년 육영학교를 졸업한 후 서울의 사립 중앙학교에 진학했다. 재학 중에는 전라도 출신 유학생 단체인 재경완산학우회를 결성하여 활동하기도 했다.

1914년 중앙학교를 졸업한 뒤에는 소안도로 귀향했다. 이후 소안도의 사립 중화학원과 노화도의 사립 영흥학교 교사가 되어 학생들을 가르치는 한편 인근 여러 지역에 학교를 설립하기 위해 노력했다.

1919년 서울에서 3·1운동이 일어나자 선생은 동지들과 완도에서 거사할 것을 계획하고 완도읍의 장날인 3월 15일 거사를 일으켰다. 청년 지식인들이 주도한 이날 시위는 유관순 열사가 천안 아우내 장터에서 만세 시위를 벌인 날보다 보름이나 빨리 벌어진 것이다. 일본 경찰의 무력 진압으로 해산되었으나 지역 사회에 큰 영향을 끼쳐, 이후 완도보통학교 학생들이 주도하여 2차 시위를 준비하게 되었다.

1920년 11월, 송내호는 만주에서 결성된 무장투쟁단체인 대한독립단의 전라지단 조직책임자가 되었다. 이 때문에 일본 경찰에 체포되어 1년 반 동안 투옥된 뒤 1922년 가을에 출옥했다. 1922 년 말에는 전국적 규모에 가까운 반일 비밀결사단체 수의위친계(守義爲親契)의 결성을 주도했다. 수의위친계는 완도, 광주, 담양, 구례, 영광, 무안, 영암, 나주, 장성, 목포 등 전라남도는 물론 전라북도와 경상

송내호

도 일원까지 망라하는 조직이었다. 유능한 인재를 뽑아 독립운동의 전초기지 중국과 일본에 파견했고, 국내에서는 군자금을 모아 중국의 독립군에게 전달하는 한편 중국에서는 육혈포를 반입하여 국내 조직에 배포하는 활동을 했다.

1923년, 그는 완도 배달청년회에 입회해 이 단체의 개혁을 주도했다. 100여 명 회원으로 조직된 배달청년회는 친일 면장이나 일제 경찰과는 어떤 말도 하지 않는 이른바 '불언동맹'을 맺어 실천했다. 1924년 3월에는 회원 700명이 참가한 노동자·농민단체인 소안노농대성회를 조직했다. 이 단체는 악질 지주 배격, 미신 타파 등을 표방하며 소작지 이동을 조사하고 악질 지주에 대한 대항책을 마련하기도 했다. 그러나 그는 노농회에서 임석 경관을 배척한 사건으로 체포되어 다시 1년 넘게 감옥에서 보냈다.

출옥 후 1926년 6월, 그는 소안도에서 사상단체 '살자회'를 조직했다. 송내호·송기호 형제와 정남국 등 25명의 창립회원은 사회과학 학습을 하고, 노농·청년·여성·소년 운동을 지도해 갔다. 7월에는 서울파 공산주의 그룹 전진회와 조선물산장려회 등이 결합한 민족통일전선기관 조선민흥회의 발기모임에서 사회를 맡았다. 같은 해 말 조선공

송내호, 송기호 묘소

산당에 입당했다.

1927년 1월, 송내호는 소안도에서 수의위친계의 후신으로 청년비밀결사 '일심단'을 조직했다. 일심단은 광동군관학교와 일본에 조직원을 파견하여 점조직으로 비밀리에 항일운동을 했다. 이후 신간회 창립을 위한 발기인회가 조직되자 같은 해 2월 조선민흥회 교섭위원 자격으로 신간회 발기인대표들과 만나 두 단체를 통합하는 데 주도적인 역할을 했다. 2월 15일 신간회 창립대회에서는 본부 상무간사로 선출되었다. 12월에는 조선공산당 제3차 당대회에서 검사위원으로 선임되었다.

1928년 11월, 송내호는 배달청년회가 완도청년동맹 소안지부로 개편되는 과정에서 작성한 해체선언서 사건으로 일본 경찰에 검거되어 징역 10개월을 선고받았다. 이후 목포형무소에서 복역 중 폐결핵이 악화되어 병보석으로 석방되었으나 그해 12월 20일 34세의 일기로 서울 세브란스병원에서 별세했다.

신간회에서는 사회단체연합장을 추진했지만 일제에 의해 금지되었다. 이후 고향으로 유해가 봉환되어 소안면 비자리 선산에 묻혔다.

대한민국 정부에서는 그의 공훈을 기리기 위해 1963년 대통령 표창 및 1990년 건국훈장 애족장을 추서했다.

강진 4·4 독립 만세운동 주역
이기성

이기성(李基性, 1894~1944)은 전남 강진군 남성리 출신의 독립운동가다. 평양에서 유학하던 중 독립운동 소식을 듣고 고향으로 돌아왔다. 일제의 식민통치에 강한 불만을 품고 있던 그는 1919년 파리강화회의에서 제기된 민족자결주의에 영향을 받아 독립운동에 참여하게 되었다.

그는 황호경 등 기독교인들과 도쿄 유학 중 귀향한 김안식과 함께 3월 25일 강진읍 장날을 기하여 독립 만세 시위를 준비했다. 하지만 곧 일제에 발각되었으며, 다행히 은신하여 피해를 면했다.

이후 서울에서 만세운동에 참여하고 독립선언서와 독립신문을 가지고 귀향한 오승남을 만나 서울 소식을 듣고 다시 만세 시위 계획에 착수했다. 거사일은 4월 4일 강진읍 장날로 정했으며, 읍내 남포리 교회 강주형·박영옥·김춘석 등과 거사를 논의하고 태극기와 독립선언서를 준비했다. "작업장소를 분산하여 기독교회당 및 이기성과 박영옥 집에서 작업을 진행한다, 각 작업장은 각자 독립적인 활동을 취하여 상호연락을 신중히 한다, 여성을 구하여 외부의 경계와 일경의 움직

이기성

남포 3·1운동 기념비(전남 강진군)

임 등을 파악한다."라는 등의 치밀한 계획과 준비를 했다.

4월 4일, 강진읍 장날을 맞아 약 500명의 군중이 모인 가운데 이기성과 동지들은 태극기 300여 개와 독립선언서 70여 통, 독립가 20여 장을 배포하며 "대한독립 만세"를 외쳤다. 거사 신호인 교회 정오 종소리를 기점으로 김후식이 군청 뒤 산마루에 대형 태극기를 세웠고, 이기성 등은 장터에 모인 군중에게 독립선언서와 태극기를 나누어주며 독립 만세 시위를 이끌었다.

이때 이은표와 박일춘을 중심으로 한 강진보통학교 학생들도 점심시간을 이용하여 시장으로 나와 독립 만세를 외치며 시위에 합세했으며, 모여있던 군중이 모두 함께 독립 만세를 외쳤다.

그러나 긴급 출동한 일본 경찰과 헌병들의 발포와 무력 진압으로 시위는 중단되었고 이기성은 주동자에 포함되어 체포되었다. 이로 인해 징역 2년 형이 확정되어 옥고를 치렀다.

정부는 고인의 공훈을 기리어 1990년 건국훈장 애족장(1977년 대통령 표창)을 추서했다.

이기성은 강진 지역 독립운동을 이끈 중심인물로, 그의 용기와 희생은 오늘날까지도 지역사회와 후손들에게 깊은 감동을 준다.

강진군은 매년 4월 4일 '강진 4·4 독립 만세운동' 기념식을 개최하여 이기성을 비롯한 27인의 독립운동가를 추모한다. 이 행사에는 지역 주민과 유족이 참여하여 그들의 희생과 헌신을 기리며, 남포마을에는 기념탑이 세워져 있다.

동학의 후손, 독립운동 참가
김재계

　성암(聲庵) 김재계(金在桂, 1888~1940)는 장흥 회진면 덕도 출신이다. 동학의 후손이자 천도교 지도자, 독립운동가로 활동한 애국지사다. 어린 시절 성암은 서당에서 한문 교육을 받았는데, 신동으로 불렸다. 1902년 4월 5일, 15세 때 천도교에 입교하여 천도교인으로 활동했다.

　더 넓은 세계를 알기 위해 김재계는 17세이던 1905년 4월 5일 상경한다. 천도교 제3세 교조 손병희로부터 교육받기 위해서다. 당시 손병희는 일제의 핍박을 피해 일본으로 도피하여 활동하고 있었기 때문에 그와 만날 수 없었지만, 서울에서 천도교 중앙 간부들과 만나 많은 것을 배우는 계기가 되었다.

　장흥지방에 천도교 조직이 개설된 것은 1906년 4월 7일이다. 이때 장흥 천도교는 장흥군 부내면 교촌리에 초가집 교구실을 열었다. 서울에서 내려온 김재계는 장흥 천도교에서 교훈으로 활동했다. 교훈은 일반 신도 중에서 활동력이 강하고 신앙심이 깊은 인사들로 이루어진 직위였다.

　1909년 2월, 천도교 중앙총부는 서울에 사범강습소를 설립하고 일반 교도 중에서 청년 213명을 선발하여 체계적인 천도교 학습을 받을 수 있게 했다. 장흥교구에서는 김재계, 박종우, 최홍률 3인이 참여했는데, 이를 통해 성암은 천도교 활동의 이론적 기반을 마련하게 되었다. 성암은 1911년 23세 때부터 본격적인 활동을 펴기 시작했다. 그해 7월 10일 이후 성암은 장흥교구 금융원·강도원·

김재계

공선원 등의 직책을 두루 거쳤고, 1913년 25세에 장흥교구장을 맡게 되었다.

1916년 천도교 중앙총부 조직 개편에서 강도원으로 임명된 성암은 1917~1921년 개편에서 5년 연속 교구장과 강도원으로 임명되는 등, 장흥교구에서 핵심적 인물로 활동한다.

1921년 8월 7일 장흥·완도·고흥 3개 군 대표 의정원장(3개 군 대교구장 격)에 선임됐고, 1922년 6월 10일, 중앙교헌 기초 예산을 집행하는 '교인대회 대표위원'으로 전남도 대표위원을 역임했으며, 1922년 11월 15일 종법사 종의원 24명 중 장흥·완도·강진 3개 군 대표 종법사에 피선되는 등, 전국적인 활동을 한다.

지역 학생들을 위해 교육활동에도 힘을 쏟았다. 당시 많은 애국지사들은 독립운동의식을 기르고 학생들을 교육시키기 위해 다양한 교육기관을 설립 운영했다.

장흥지방에는 1905년 명진학교(장흥초교 전신), 1918년 장평공립학교(장평초교 전신), 1924년 대덕간이학교, 1930년 덕도 간이학교가 설립되어 있었다. 이러한 시대 상황에 맞추어 성암은 장흥 대덕면(현 회진면) 신상리에 사설 학술강습회 개설을 위한 운동을 전개했다. 덕도가

김재계 묘소(전남 장흥군)

도서(島嶼) 지역으로 교통이 불편하여 덕도를 중심으로 청년과 아동을
교육할 기관이 필요했다.

　1921년 12월 7일부터 시작된 사설강습회는 1922~1923년에도 계
속되었다. 강습 과목은 수신, 산술, 국어, 한문, 조선어였고, 수강생은
8~20세까지를 대상으로 했다. 그러나 일제는 이러한 강습소의 설치를
갖가지 이유로 불허했다. 이에 장흥지역 주민들이 134명 연명으로 진
정서를 제출하며 설치를 시도했으나 인정받지 못했다. 1928년 서당으
로 개명하여 설립을 신청해서 1930년에 '양영서당'의 개설을 인가받
았다. 1933년 덕도에 공립학교가 설립되면서 양영서당은 폐지되고 대
덕 공립보통학교 부설 덕도학교로 편입했다.(현재 명덕초등학교)

　장흥 천도교인들은 1918년부터 독립 기원 49일 기도를 했는데,
1919년 3·1운동이 일어나자 천도교 중앙총부 상임위원인 장흥 출신
신명희가 이 소식을 듣고 중앙총부에 500원을 전달했다. 이어 김재계
는 김재반·황생주·황업주 등과 만나 3월 15일 장날을 이용한 만세 시
위를 계획했다. 중앙에서 전달된 독립선언서를 천도교 각지에 배부하
고 독립선언서와 태극기를 제작했다.

『천도교월보』편집위원과 천도교 중앙총본부 금융관장으로 활동하던 성암은 1936년부터 중앙총본부의 밀지에 따라 「안심가」의 한 구절인 "개 같은 왜적 놈을 한울님께 조화받아 일야간에 소멸하고 전지무궁하여 놓고 대보단에 맹세하고 한(汗)의 원수 갚아보세"를 외우며 일본의 멸망을 염원하는 '멸왜기도'로 1938년 2월 체포되어 옥고를 치르고 70여 일 만에 석방되었다. 그 휴유증으로 김재계는 1942년 6월 서울 중구에서 별세했다.

선생의 공훈을 기리기 위해 대한민국 정부에서는 1991년 건국훈장 애국장을 추서했다.

전남운동협의회 장흥적색농민조합 조직
고서동

고서동(高瑞東, 1912~1990)은 고흥 봉래면 신금리에서 태어났다. 일본 와세다 대학을 중퇴하고, 일제강점기 장흥에서 전남운동협의회에 참여하여 농민운동을 이끈 독립운동가다. 그가 참여했던 전남운동협의회 사건은 당시 상당히 파장이 컸으며 연루자도 많았지만, 오늘날 제대로 알려지지 않았고 기억하는 사람도 적다.

1930년대는 일제의 구조적 수탈에 맞서 각지에서 농민운동이 활발하던 때였다. 당시 농민운동은 주로 사회주의와 밀접한 관련이 있었다. 전남에서도 사회주의 사상의 영향을 받은 농민운동이 활발했다. 특히 해남과 완도의 노동운동 지도자들은 농민운동을 활성화하기 위해 서로 긴밀하게 연락했다. 그 결과 1933년 두 지역 운동가들이 힘을 합하여 만든 조직이 전남운동협의회다.

이 단체는 농민운동 지도기관으로 전라남도 각 군의 농민조합 조직을 목표로 했다. 이를 위해 농촌 각 마을에 농민반, 청년반 등 하부조직을 만들고, 이를 토대로 면 단위 농민조합지부를 만든 다음 군 단위 농민조합을 만드는 계획을 세웠다. 이 방침에 따라 해남, 완도뿐만 아니라 인접 지역인 강진, 장흥, 영암 등에 농민조합 건설준비위원회가 만들어졌다.

고서동

각 지역 농민조합 건설준비위원회는 소작쟁의 등 농민들의 삶과 밀접하게 관련된 사건에 개입하여 이를 지휘하는 활동을 했다. 또한 많은 농민을 끌어들이기 위해 독서회, 저축계, 야학 등을 만들어 운영했다. 그 결과 전라남도 53개 지역에 농민반이 세워졌으며 28개소에 농민야학, 노동야학 등이 개설되었다. 특히 야학에서는 '문맹을 퇴치하고, 러시아와 같이 평등한 사회를 이루어야 한다'라는 사회주의 사상을 교육했다.

전남운동협의회 사건 기사
(『동아일보』 1934. 6. 13.)

고서동은 1933년 장흥에서 고율 소작료를 징수하는 지주들의 횡포에 대항할 농민조합 조직을 꾀하며 완도 정후균과 협의하여 야학 운영을 통해 학생들에게 사회주의와 독립사상을 가르쳤다. 이후 1934년 1월 유재성, 문병곤 등과 각 마을에 2~5명의 인원으로 농민반, 청년반, 소년반을 설치하여 장흥적색농민조합을 조직하고, 면과 리 단위에 세포반을 결성하려 했다.

전남운동협의회는 우연한 계기로 발각되었다. 1933년 겨울, 강진군 군동면에서 청년들이 망년회를 하다 강진경찰서 형사와 싸움이 붙었다. 강진경찰서는 이들을 조사하던 중 청년들의 집에서 사회주의 서적을 발견했고, 서적을 갖게 된 경로를 찾기 시작했다. 그 과정에서 일제는 전남 청년들이 광범위하게 결합된 비밀 조직이 있음을 알게 되었다.

전남경찰부 고등과의 지휘로 수사망은 강진뿐만 아니라 해남, 완도, 장흥, 보성, 순천, 여수 등지로 확대되었고, 무려 558명을 검거했다. 전남경찰부는 이들을 8개월 동안 취조한 끝에 1934년 247명을 검찰에 송치했다. 이를 '전남운동협의회 사건'이라 한다.

고서동도 이때 체포되어 장흥경찰서에 구금되었고, 1934년 9월 목포지청으로 이송된 후 재판에 넘겨져 징역 1년 6개월을 선고받았다. 그는 1928년 와세다대학 유학을 다녀온 엘리트지만 전남 농촌의 열악한 현실 개선을 위해 삶을 바쳤다.

고서동은 출옥 후에도 강원도 홍천 광산에서 일하며 번 돈을 독립자금으로 송금하는 등, 독립을 위한 노력을 멈추지 않았다.

1986년 대통령 표창을 받았으며, 1990년 정부로부터 건국훈장 애족장을 추서 받았다.

고흥 3·1운동의 주역
목치숙

목치숙(睦致淑, 1885~1928)은 전남 고흥군 점암면에서 태어났다. 본관은 사천이고, 독립운동가이자 장로교 목사다.

전남 제일 남단 반도에 자리 잡은 고흥은 서남해를 연결하는 해로 중심에 있어서 외부와 소통이 활발한 지역이다. 따라서 서울에서 일어난 3·1운동 소식이 빠르게 전달되었다. 3월 초에 이미 천도교도인 송연섭을 통해 독립선언서가 전달되었으며, 서울과 광주 등지에서 시위에 참여하고 돌아온 이들에 의해 3·1운동 열기가 고흥 지역에 전달되고 있었다.

서울 3·1운동에 참여한 기독교인 오석주와 평양신학교 입학을 위해 서울 상경 중 3·1운동에 참여하여 신학교 입학을 단념하고 귀향한 목치숙이 이 지역의 중심인물이다.

서울에서 돌아온 목치숙은 4월 초 남양면 신흥리 이형숙의 집에서 기독교인 이형숙, 손재곤, 최세진, 조병학, 이석완 등에게 "지금 파리에서 열리는 강화회의에서 민족자결 문제가 논의 중이며, 이 결과에 따라 조선도 독립될 것인즉, 그 독립의 기운을 발동하는 운동이 필요하다."라면서 독립 만세운동의 필요성을 역설했다. 그리고 고흥 장날인 4월 14일 만세운동을 일으킬 것을 제의했으며, 모두의 찬성을 얻었다.

이후 목치숙은 14일 거사를 앞두고 오석주에게 태극기 80여 매와 독립선언서 100여 개를 제작하게 하는 한편, 고흥 지역 기독교인 정환태, 신성휴, 박기숙, 박학준 등에게 연락하여 지지자를 규합할 것을 부탁했다. 또한 한익수에게 '조선독립고흥단' 이름으로 자체 선언서 10여 매를 작성하게 하여 4월 14일 장터에 사람들이 모이게 했다. 이에 따라 기독교인을 중심으로 만반의 준비를 갖추었다.

그러나 4월 14일 아침부터 내린 폭우로 계획을 실행할 수 없었다. 게다가 거사 계획이 새어나가 목치숙 등 7명이 헌병 분견대에 불려가 조사받기까지 하여, 이들은 일단 계획을 중지하고 다시 시기를 기다리기로 했다. 한편, 목치숙은 자체 제작한 독립선언서를 고흥 군수, 순천 법원·지청, 순천 헌병대 보조원 및 각 관청에 근무하는 조선인에게 보냈으며, 이와 함께 조선 혈족들이 동맹 파업할 것을 담은 편지를 동봉했다.

이때 보낸 선언서에는 다음과 같은 내용이 실려 있었다.

일본이 지켜야 할 도리를 어기고 합병을 선언했는데, 당시 주권자인 조선 신민으로 그것을 희망하는 자, 매국노 몇 사람을 제외하고 얼마나 있겠는가! 우리 민족은 독립만이 살길이요, 합병은 죽음일 따름이니 독립을 널리 선포하노라.

동양 평화론을 내세우다 조선을 강제 병합한 일본의 태도를 지적하

며 우리 국민 대부분이 일제의 병합을 반
대하고 독립을 원한다는 사실을 분명히
하고 있다. 이 선언문을 통해 우리의 독립
의지를 밝혔다는 점에서 목치숙 등의 강
한 항일정신을 엿볼 수 있다. 이로 인해
시위를 계획한 목치숙과 오석주는 각각
징역 6월, 한익수는 징역 4월 집행유예 2
년 형을 선고받았다.

목치숙

이후 1920년 고흥기독교청년회를 창
립하여 총회를 열고 회장으로 선출되었으
며, 조선청년회연합회에 가입하여 아동들
의 계몽을 위한 야학회 활동을 했다. 1923
년에는 고흥기독교청년회 주관으로 토산
품 애용 및 금연운동 등의 조선 물산 장려
운동을 전개했다.

옥고를 치르고도 끊임없이 민족운동을
이어 나간 목치숙의 공훈을 기리어 정부
는 1992년 건국훈장 애족장을 추서했다.

고흥 3·1운동의 중심 고흥교회

5부

광주

민족혼을 살린 참스승
김용근

석은 김용근(1917~1985)은 1917년 강진의 개신교 집안에서 태어나 기독교계 영흥보통학교를 다녔다. 1903년 미국 남장로회 선교사 유진 벨과 교회 유지 임성옥, 유내춘 등이 목포시 양동에 설립한 학교다. 1932년 봄, 그는 영흥학교 선생의 추천으로 숭실중학 진학을 위해 평양으로 향했다.

김용근이 다닌 숭실학교는 광주학생독립운동에 적극적으로 참여했다. 1930년 1월 21일 시위를 했고, 다음날도 만세시위를 계획했으나 경찰의 제지를 받았다. 당시 숭실학교 출신 중 김용근과 학교를 함께 다닌 사람으로 문익환과 윤동주가 있다. 문익환은 용정에서 은진학교에 다니다가 고등교육기관으로 진학하기 위해 1935년 4학년에 편입했다. 윤동주는 한 학년 아래인 3학년에 편입했다. 1936년 김용근은 학교에서 기독청년회 종교부장으로 활동하며 신사참배 거부 투쟁을 이끌었다. 일제는 신사참배 거부에 맞서 교장을 해임했다. 이에 학생들은 동맹 퇴학을 감행했다. 이 일로 그는 평양경찰서에 수감되었다.

감옥에서 석방된 후 김용근은 평양을 방문한 독립운동가 안창호를 만난다. 그는 안창호에게 "민족이 제대로 살 수 있는 길을 가르쳐 달라"고 질문한다. 안창호는 "지금 이 민족을 위해 사는 길은 고향에 가서 돼지 한 마리만이라도 전문적으로 기르는 것을 공부해라. 그 속에서 바로 민족의 현실에 기여할 힘이 나오지 않겠느냐."라고 했는데, 이 가르침이 김용근의 '거듭남'의 결정적 계기가 되었다고 한다.

숭실학교 졸업 후 김용근은 1937년 영광군 염산면 야월리 개량서당에서 교사 생활을 했다. 그는 학생들에게 일본의 패전을 예고하며 민족의식을 고취하다 체포되어 목포형무소에서 6개월의 징역을 살고 1938년 4월 출옥했다. 두 번의 투옥을 거치면서 그는 민족주의적 성향을 가다듬고 더욱 치열하게 항일의식을 형성해 갔다.

김용근은 1940년 연희전문학교에 입학했다. 독립 투쟁 의지가 강한 친구들과 비밀결사 '총독암살단'을 결성했다. 인원은 9명이었다. 이 사건으로 그는 1942년 1월부터 1945년 4월까지 3년의 징역을 치렀다.

김용근은 출옥 후 사할린 강제징용을 피해 8월 14일 만주행 열차를 탔는데, 이튿날 만주 봉천에서 광복을 맞았다. 그 후 김용근은 연희전문학교에 복학했다가, 4년제를 회복한 연세대학교에서 사학을 전공하고 첫 졸업생이 되었다. 1950년에 대학원에 진학했다. 그해 한국전쟁이 일어나자 9사단에 종군했다. 복무 후 1965년부터 광주고등학교, 광주제일고등학교, 전남고등학교 등에서 역사 교사로 재직하며 농구부 육성을 겸하면서 후학을 가르쳤다.

1970~1980년대 민주화운동의 중심에 늘 광주가 있었고, 광주의 배후엔 김용근이 있었다. 그의 의식화는 학생들의 혼을 붙들고 흔들었다. 1980년 5·18민중항쟁이 일어나자 많은 제자가 구속되고 지명수배를 받게 되었다. 그 가운데 윤한봉, 정용화, 김남표, 은우근이 집으로

찾아오자 이들을 숨겨주었다. 결국 그는 지명 수배자를 숨겨주었다는 죄목으로 투옥되고 집행유예를 받았다. 이때 얻은 심근경색증으로 1985년 5월 22일 쓰러져 다시 일어나지 못하고 세상을 떠났다. 1997년 5·18민주묘지에 이장되었다. 1990년 건국훈장 애족장(1987년 대통령 표창)을 받았으며, 2002년 5·18민주유공자로 인정받았다.

김용근(황지우 그림)

독립운동가로, 세상을 똑바로 보는 눈을 길러준 역사 교사로, 5·18민주화운동 유공자의 삶을 살았던 김용근 선생. 그의 정신을 기리고 뜻을 받들기 위해 전주고, 광주고, 광주일고, 전남고 제자들이 모였다. 이들은 기념사업회를 만들고 추모문집을 발간했다. 민족 독립과 통일, 민주화를 위한 스승의 교육 활동을 기리고 뜻을 이어가기로 하고, 가족들이 기증한 5·18

김용근 흉상
(광주학생교육문화회관)

보상금의 일부와 제자들의 성금으로 '김용근 민족교육상'을 제정했다.

김용근 선생이 생각하는 교육, 곧 가르치고 싶은 교육은 친구들을 빨리 제치고 앞서가며 영달을 추구하는 교육이 아니었다. '내가 누구냐'를 발견하는 것. 자기 자신을 인식하여 인간의 천부적인 권리를 발견해 주장할 수 있도록 스스로가 먼저 사람다운 사람의 모습을 보여주려고 노력하는 것이었다.

김용근의 말씀과 실천은 우리에게 큰 울림을 남기고 있다.

광주학생독립운동에 참여한
최정기

　최정기(崔貞基, 1913~2000)는 광주 누문동 출신으로, 1928년 광주농업학교에 입학했다. 그해 6월 광주고보에서 이경채 사건으로 인한 대맹휴 투쟁이 일어나고, 이에 동조하여 광주농업학교에서도 민족차별에 저항하는 맹휴투쟁이 일어났다.

　학교는 기다렸다는 듯이 주동자 12명을 퇴학시키고 100여 명에게 무기정학 처분을 내렸다. 이에 격분한 학생들은 맹휴지도본부를 결성하고 조직적으로 대항했지만, 결국 그해 10월에 막을 내린다. 경찰에 잡혀간 학생 가운데 5명이 재판에 회부되어 징역 8월에서 6월에 집행유예 2년을 선고받았다.

　다음 해 1929년 6월, 장재성이 일본 유학에서 돌아와 각 학교 대표들을 소집했다. 광주고보의 김상환, 김보섭, 광주농업학교의 조길룡, 김순복, 전남사범학교의 송동식, 강달모가 그들이다. 이들을 중심으로 독서회중앙부를 조직하고 각 학교 단위의 독서회 결성을 독려했다.

　광주고보 독서회가 조직된 직후 광주농업학교에서도 독서회가 조직된다. 조길룡, 김남철, 김순복, 이영범, 권수동, 정욱, 정해도, 최차도, 최정기, 송두현, 김복근, 김종기, 김문일, 홍원표, 박종주, 김현수, 박석진, 윤익하 등 18명은 장재성과 무등산 세인봉에 올라 조길룡을 대표로 하는 독서회를 결성했다. 이때 최정기는 김남철·정욱·김순복 등과 조직교양부 위원으로 선출되었다.

최정기

독서회는 광주고보와 광주농업학교 학생 중심의 성진회가 해체된 후, 이를 계승하여 결성된 것이다. 전 회원을 4개 반으로 나누어 사회과학을 공부할 것을 결의했다. 또한 이들은 만일에 대비하여 스크럼을 짜고 시위 연습도 하고, 목청을 돋우어 노래도 배웠다. 이는 11월 12일 2차 시위에 큰 힘으로 작용했다.

그러나 그해 9월, 독서회에 무성의한 일부 회원을 제명하기 위해 형식상 해산했다. 이후 10월에 학년별로 독서회를 조직하기로 했다. 최정기는 10월 유환묵의 집에서 최차도·안종변 등과 2학년 중심의 독서회 조직을 논의하는 등, 활발한 항일활동을 전개했다.

독서회 활동을 통해 항일 민족의식을 고취하던 최정기는 1929년 11월 3일 광주학생독립운동이 일어나자 주저하지 않고 참여했다. 11월 12일, 제2차 시위 때는 김남철·정욱·김복근 등 독서회 회원들과 농업학교생 200여 명을 이끌고 가두시위를 전개했다.

그는 1930년 1월 경찰에 체포되어 모진 고문을 당했다. 1930년 10월, 광주지방법원에서 소위 치안유지법 및 보안법 위반으로 징역 3년형을 선고받고, 대구복심법원에 항소하여 징역 1년의 옥고를 치렀다.

이후 일본 유학길에 오른 최정기는 교토중학교와 도쿄공업대학 화

애국지사 최정기 묘(대전현충원)

공학과를 졸업하고 일본광과학공업주식회사에서 전무취체(專務取締)로 일했다. 귀국 후에는 조선대학교 2대 총장을 지냈다(1960.06~1961.08). 1963년 제6대 국회의원 선거에서 민주공화당 전국구 후보로 출마하여 국회의원에 당선되었고, 민주공화당 전라남도지부 위원장, 민주공화당 전라남도 제1지구당 위원장, 민주공화당 당무위원 등을 지냈다. 이후 전라남도 교육감(1971.6.21.~1975.6.22.)을 역임했다.

정부에서는 그의 공훈을 인정하여 1990년 건국훈장 애족장(1968년 대통령 표창)을 수여했다.

교육자치의 시대, 교육감의 역할이 매우 중요하다. 자주와 혁신을 통해 행복한 사회를 위한 진정한 교육자는 어떠한 자질과 능력을 갖춰야 하는지 생각할 때다.

광주학생독립운동의 광주농업학교 독서회
이수동

이수동(1912~미상)은 광주광역시 송정동에서 태어났다. 1929년 11월 3일 광주농업학교 2학년 재학 중 광주고등보통학교, 광주사범학교 학생들과 시위에 참여했다. 11월 12일에도 광주공립농업학교 학생 200여 명과 수업 도중 학교 밖으로 나가 시위를 벌이려다 체포되어 금고 6월 집행유예 5년을 선고받았다.

국가보훈처 공훈록에서 알 수 있는 이수동의 행적은 이것이 전부다. 언제 사망했는지조차 보훈처 기록으로는 알 수 없다.

이수동은 송정리에서 광주농업학교를 다녔다. 당시에는 기차로 통학을 했다. 나주에서 광주로 기차로 통학하는 학생들이 매우 많았다. 일본인 학생도 100여 명 정도였다. 당시 통학 열차는 여학생 한 칸, 일본 학생 한 칸, 한국 학생 한 칸, 일반인 칸으로 나누어져 있었다고 한다. 하지만 이런 구분이 제대로 지켜지지는 않았던 것 같다.

그러다 보니 통학 열차 안에서 한·일 학생 간 충돌이 빈번했다. 송정리에서 통학한 이수동은 그런 모습을 보며 반일 감정을 갖게 되었

광주농업학교(현 광주자연과학고)에 세워진 학생독립운동기념탑

다. 대표적인 것이 운암역 사건이다. '조선인은 야만인이야'라는 일본
인 학생의 말이 한국 학생들을 자극하게 되면서 일본인 학생들과 충
돌하는 일이 벌어진 것이다.

　나주역에서 벌어진 여학생들 희롱사건도 마찬가지다. 박기옥과 이
광춘에 대한 희롱사건에 박준채를 비롯한 한국 학생들은 분노가 치
밀어올랐으며, 일제 경찰의 편파적인 대응은 식민지 한국 학생들에게
차별의 아픔과 저항의식을 촉발했다.

　이수동이 입학한 1928년은 광주고보 이경채 사건으로 인한 대맹휴
투쟁이 일어난 해다. 이에 동조하여 광주농업학교 학생들이 맹휴에
들어갔는데, 이에 학교는 기다렸다는 듯이 12명을 퇴학시키고 나머지
학생들에게 무기정학 처분을 내렸다. 이에 반발한 학생들이 맹휴지도
본부를 결성하고 10월까지 투쟁을 벌였다. 광주고보에서는 9월 중순
에 끝났지만, 광주농업학교는 그보다 한 달 가까이 길었다.

　이런 상황에서 이수동이 항일 투쟁에 나선 것은 당연한 일이다.
1929년 6월 광주농업학교 독서회가 무등산 세인봉에서 결성되었다.
김성민의 『광주학생운동』에 의하면 18명이 결성했다고 하는데, 여기

이수동의 이름은 나오지 않는다. 하지만 일제의 재판기록에는 독서회 활동으로 처벌받은 인물에 이수동이 금고 6월 집행유예 5년을 선고받았다고 한다. 처음부터 참여하지 않았을 수 있겠지만, 이수동 역시 독서회에 참여했다고 봐야 할 것이다.

또한 김성민의 같은 책에는 다음과 같은 기록이 있다.

"광주농업학교 독서회원 안종변, 이수동 등 10여 명이 회합하여 서울의 학생시위운동에 호응하여 다시 거의할 것을 추진하여 1월 20일 수감 중인 학생의 석방을 요구하는 진정서를 교장에게 제출하고 학교 전화선을 절단한 후 '궐기하자 만세'라고 쓴 적기(赤旗)를 앞세우고 격문을 살포하며 시위할 것을 계획했으나 사전에 발각되어 좌절되었다."

이수동이 독서회 회원임이 증명된 것이다.

이수동은 11월 3일 1차 시위 때부터 참여했다. 이날은 명치절(明治節)이자 우리의 개천절이었다. 우리의 개천절을 기념하지 못하면서 일본 메이지 왕의 생일을 기념하는 행사에 동원된 학생들의 불만은 클 수밖에 없었다. 이러한 불만이 광주역에서의 충돌로 이어졌고, 오후 5시까지 시위를 전개하는 원동력이 된 것이다.

12일의 2차 시위에도 광주농업학교 학생 200여 명이 참여했다. 이수동도 이 시위에 참여했다. 다음 해 1월 20일 수감 중인 학생 석방을 요구하는 진정서를 제출하고 시위를 추진하려다 사전에 발각되어 체포되었다.

이후 이수동은 1931년 소학교 교원 시험에 합격하며 교사의 길로 들어섰다. 그해 무안 삼향공립보통학교(삼향초등학교)를 시작으로 광복 때까지 노안공립보통학교(노안초등학교) 등에서 재직했다.

1947년 보성 북국립민학교(보성초등학교)를 거쳐 1950년 영암교육청 장학사를 지냈다. 1954년부터 목포중앙초등학교, 광주대성초등학교, 여수서초등학교 교장을 지냈고 광주 양동초등학교 교장을 마지막으로 퇴직했다.

2021년, 정부는 그에게 건국포장을 추서했다.

6부

보론

남도 항일독립운동의
전개와 활동

남도 항일독립운동은 의병운동, 3·1운동, 학생운동, 농민운동, 사회주의 운동, 해외망명 및 무장투쟁 등 다양한 형태로 전개되었다. 전남 지역은 민족의식이 강한 유림 전통과 종교, 계몽운동의 기반이 탄탄했기 때문에 전국에서도 중요한 항일운동의 거점이었다.

1. 의병운동(1895~1910)

남도에서 전개된 의병운동은 조선 말기(1895년 을미사변 이후)부터 일제강점기 초기까지 이어진 항일 무장 독립운동의 출발점으로, 전국적인 의병운동 가운데서도 특히 유림(儒林)의 중심지이자 호남 정신의 상징적 저항지로서 중요한 위상을 차지한다.

1) 의병운동의 배경

1895년 을미사변(명성황후 시해)과 단발령에 대한 반발로 의병 봉기가 시작되었다. 1905년 을사늑약, 1907년 군대해산 등 국권 침탈이 가속화되자 의병들은 일본 침략을 저지하기 위해 의연하게 일어섰다. 그것은 성리학적 충군애국 의식과 지역의 유교적 전통이 구국충혼 의병운동으로 이어진 것이다.

2) 전라남도 의병운동의 전개 과정

(1) 을미의병(1895~1896)

유생과 유림이 중심이 되어 자발적으로 봉기했다. 대표적인 지역은 나주, 장성, 곡성, 화순, 보성, 해남 등이다. 초기에는 왕실 보위 성격이 강했으나 점차 반일 항쟁으로 발전했다.

(2) 을사의병(1905~1907)

을사늑약 체결로 반일 감정이 격화되어 보성, 해남, 장성, 화순 등지에서 조직적인 무장투쟁을 전개했다. 의병장들이 연합하거나 지방 관청 습격, 철도·통신 시설 파괴 등 적극적인 활동이 전개되었다.

(3) 정미의병(1907~1910)

고종 강제 퇴위와 군대해산이 결정적 계기로, 전국적 규모로 무장 저항 의병전쟁을 전개했다. 특히 전남 지역에서는 지속적인 유격전으로 의병운동은 조직적·계획적이었으며, 농민·노동자 등 민중까지 참여한 대중운동으로 확대되었다. 일제의 '남한대토벌작전'은 남도의병 말살 정책으로, 많은 피해를 입혔다.

3) 남도 의병운동의 특징

(1) 유림 중심의 의병을 조직하고 지휘한 주체가 유학자(성리학자)인 경우가 많다.

(2) 산악지형과 밀림, 해안선을 활용한 유격전, 해상망 활용 등 지리적 조건을 활용했다.

⑶ 농민, 상인, 천민 등 다양한 계층이 합세하여 민중의 참여가 확대되었다.

⑷ 일부 지역에서는 동학 세력, 기독교 세력과도 협력했다.

⑸ 전남 의병 지도자 중 일부는 망명 후 독립군, 임시정부 운동에 참여했다.

4) 남도의병의 의의와 영향

전남 의병운동은 지역의 전통과 민족의식이 결합된 대표적 항일 저항운동이다. 근대 독립운동의 출발점이자 민족운동의 뿌리 형성에 기여했고, 3·1운동, 광주학생운동, 해외 독립군 활동으로 이어지는 정신적·인적 기반이 되었다.

전라남도 의병운동은 유학 전통, 농민의 저항, 민중 참여, 지속적 무장투쟁이라는 특징을 지니며, 일제의 침략에 맞선 전 국민적 항쟁의 본보기였다. 그 정신은 지역민의 자주정신과 민족의식으로 계승되어 다양한 독립운동으로 이어졌다.

2. 3·1운동(1919)

남도의 3·1운동은 1919년 3월 서울에서 시작된 민족 독립 만세운동이 지역으로 확산하면서, 전남 전역에서 전개된 항일 민중운동이다. 특히 전남은 학생·종교인·지식인·농민·상인 등 다양한 계층이 참여했고, 지역마다 독자적이고 조직적인 시위가 벌어진 점에서 매우 중요한 의의가 있다.

1) 배경

고종 황제 서거(1919.1.21)로 조선 민중의 분노가 타올랐고, 민족자결주의 원칙 확산(윌슨의 14개 조 원칙)의 영향을 받았다.

종교·교육기관을 통해 민족의식을 고취했고, 서울에서 3월 1일 민족대표 33인 독립선언의 영향을 받아 전국적인 운동으로 확산했다.

2) 전개 양상

서울에서 시작된 운동은 3월부터 전남 각지에서 독립 만세운동으로 이어졌고, 도시뿐 아니라 농촌과 섬 지역까지 전면적으로 확산했다.

광주, 목포, 나주, 순천, 보성, 장흥, 해남, 곡성, 고흥, 담양 등 전남 지역으로 확대되었다.

3) 참여 계층

학생, 교사, 유림, 천도교인, 기독교인, 농민, 상인 등 다양한 계층이 참여했다. 특히 기독교·천도교 계통 학교나 교회가 중심이 되어 시위를 조직하여 참가했다.

4) 주요 시위 양상

만세 시위, 독립선언서 낭독, 일본 경찰서 및 헌병대 습격, 일본 상점에 대한 불매운동 및 항의를 했다. 이에 일본 헌병·경찰의 강경 진압, 체포·구타·총격으로 많은 희생자가 발생했다.

5) 전라남도 3·1운동의 특징

장날을 이용하여 장터, 교회 앞, 읍내 등 민중이 모이는 공간을 활용했다. 종교·교육기관이 중심이 되어 천도교, 기독교, 민족계 사립학교 중심으로 계획하며 진행했다. 유림, 학생, 농민, 상인, 여성까지 다양한 계층이 거족적으로 저항하며 참여했다.

일제는 강경한 탄압으로 맞섰다. 헌병대의 발포, 구타, 구금 및 체포로 많은 사망자와 부상자가 발생했다.

6) 남도 3·1운동의 역사적 의의

전라남도는 3·1운동을 전국적으로 확산시킨 핵심 지역 중 하나가 되었고, 다양한 계층과 지역이 참여하며 민족통합 운동으로 발전했다. 이후 광주학생운동(1929)과 농민운동, 독립운동 조직 활동의 토대가 되었으며, 지역 공동체가 자발적으로 조직하고 실행한 대표적 항일운동으로 평가받고 있다.

남도의 3·1운동은 단순한 만세 시위를 넘어, 전 계층·전 지역·전 종교가 연대한 민족적 저항운동이다. 그 정신은 학생운동, 노동운동, 농민운동, 임시정부 연계 활동 등으로 이어져 한국 독립운동사에서 매우 중요한 위치를 차지하고 있다.

3. 나주학생항일운동(1929)

나주학생독립운동은 1929년 10월 30일 발생한 나주역 사건을 계기로 광주학생항일운동이 전국으로 확산하는 과정에서, 전라남도 나주지역 학생들이 주체적으로 참여한 항일독립운동이다. 이는 단순한 지역 시위가 아닌, 학생들의 민족 자각과 조직적 저항 의지를 보여주는 중요한 항일운동으로 평가할 수 있다.

1) 시대 배경

1929년 10월 30일 나주역에서 일본인 학생이 조선인 여학생을 희롱한 사건이 계기가 되었다.

11월 3일, 광주고등보통학교 학생들이 시위를 벌이며 항일운동을 시작하여 빠르게 전남 각지로 확산, 특히 나주·목포·순천 등지에서 활발히 전개했다.

2) 나주지역의 학생운동 전개

1929년 11월 27일에 나주농업보습학교와 나주보통학교 학생들의 봉기로 확산했다. 학생들이 시위를 준비했고, 교내 비밀 조직(학생결사 등)을 통해 선언문과 격문을 작성하고 배포했다.

11월 말~12월 초, 나주 읍내 장날, 시장, 거리에서 '조선독립 만세', '일본인 배척' 구호를 외치며 시위를 전개했으며, 나주 읍민들, 상인들까지 함께 참여하는 민중 항쟁의 양상으로 확대되었다.

3) 일제의 대응

학생 10여 명 이상이 체포되어 정학·퇴학 조치를 당했고, 경찰은 교사와 종교인 등 지도층 인물까지 감시하며 탄압했다.

4) 나주학생운동의 특징

⑴ 나주역 사건을 계기로 광주학생운동으로 확산했고, 지역 학생들의 자발적 준비와 실행에 기반했다.

⑵ 학교 내 비밀결사 조직, 격문 유포 등 사전 기획된 조직적 항일운동이다.

⑶ 단순한 학생 시위를 넘어 지역 주민, 상인의 참여 확대로 지역

연대성을 보여주었다.

⑷ 나주농업보습학교와 나주보통학교 등 민족의식을 고취하던 교육기관이 중심 역할을 했다.

5) 나주학생독립운동의 역사적 의의

나주학생독립운동은 광주학생운동의 지역 확산 운동 중 가장 조직적이고 강력한 사례 중 하나다.

학생과 민중이 함께한 항일투쟁의 대표적 사례로, 민족운동의 대중화를 상징하며, 이후 나주지역은 물론 남도지역은 독립운동, 사회운동의 기반지로 성장했다.

광주학생운동의 전국화에 기여했으며, 그 정신은 후속 학생운동과 민주화운동으로 이어졌다.

나주학생독립운동은 1929년 광주에서 촉발된 항일 학생운동의 물결 속에서, 전라남도 나주의 민족교육과 학생의식, 지역 민중의 항일정신이 결합된 대표적 저항운동이다. 이 운동은 학생들의 시위만이 아니라, 지역 공동체 전체가 일제에 맞서 민족 독립을 외친 역사적 사건으로 평가할 수 있다.

4. 사회주의 운동 및 농민운동(1920~1930년대)

남도에서 전개된 사회주의 운동과 농민운동은 1920~30년대를 중심으로 식민지 수탈 구조에 대한 조직적이고 계급적인 저항으로 나타났다. 이 운동은 항일의병운동과 3·1운동의 정신을 계승하면서, 특히 노동자·농민·청년·학생층을 중심으로 사회주의 사상과 결합하여 발전했으며, 지역 현실에 기반한 농민 해방 운동으로 구체화되었다.

1) 시대적 배경

일제 식민 통치 강화와 경제 수탈, 산미증식계획(1920년대) 등으로 농민의 삶이 극도로 피폐해졌고, 지주-소작인 구조에서 소작농이 고율 소작료와 착취에 시달렸다.

전 세계적으로 사회주의 사조가 확산하고 러시아 혁명(1917) 이후 사회주의 이념이 급속도로 확산했으며, 조선 내 지식인과 청년들 사이에 계급 해방과 민족 해방 이념이 대두되어 영향을 받았다.

3·1운동 이후 비폭력 저항 방식에서 조직적 운동으로 전환하여 노동·농민조합, 청년동맹, 여성동맹 등 대중조직이 결성되며 해방운동이 확산했다.

2) 전라남도 사회주의 운동의 전개

(1) 주요 도시 중심의 활동

목포, 순천, 여수, 광주, 나주 등 항구·상공업 중심지에서 노동자·청년 운동이 활발했다.

조선공산당, 고려공산청년회 등과 연계한 활동이 고조되었다.

(2) 활동 내용

노동조합, 청년동맹, 사회과학연구회 등 비밀결사 조직을 결성하여 움직였다. 그에 따른 계급 해방과 민족 독립을 연결한 선전 활동이 전개되었고, 일부 지역에서는 반일 시위, 파업, 격문 살포 등의 직접적인 행동을 했다.

3) 전라남도 농민운동의 전개

(1) 배경

지주제도와 고율 소작료에 대한 불만이 고조되고 일본 자본에 의한 토지 수탈이 가속화되며 농민 절대다수가 소작농으로 전락하여 수탈을 당했다.

(2) 조직 활동

농민조합 결성은 대표적으로 전남농민조합연맹, 보성농민조합, 순천농민동맹 등이 활동했다. '소작료 인하', '소작권 보장', '지주의 횡포 규탄' 등의 구호로 투쟁했고, 소작쟁의, 불매운동, 농장 투쟁 등으로 전개되었다. 사회주의자들과 연계하여 계급적 해방운동으로 확대되어 갔다.

4) 농민운동의 특징

(1) 계급+민족 해방. 민족 독립과 함께 계급 억압 극복이라는 이중 목표를 추구했다.

(2) 청년동맹, 농민조합, 노동조합 등 조직 체계를 갖춘 대중운동으로 조직화했다.

(3) 비합법·비밀운동 병행 등 공개 활동 외에도 지하 선전, 간행물 배포 등을 병행했다.

(4) 여성·청년 참여 확대: 여성운동과 청년운동으로 분화되어 다양한 연대를 형성하여 활동했다.

5) 일제의 탄압

일제는 치안유지법을 적용하여 사회주의 활동가 및 농민운동가를 대거 체포하고, 조직 해산, 지도부 검거, 고문과 구속 등으로 강력하게 탄압했다. 불온사상 선동 혐의로 사립학교와 서당을 폐쇄하거나 통제했다.

6) 역사적 의의

남도의 사회주의 및 농민운동은 민족 해방운동과 계급 해방운동이 결합된 독립운동의 한 흐름이다.

3·1운동 이후 무장 저항의 공백기를 채운 조직적 민중항쟁의 중심 역할을 했고, 이후 조선공산당 재건, 광주학생운동, 해방 후 남북 정치 세력 형성의 기초가 되었다.

남도의 사회주의 및 농민운동은 단순한 이념 운동이 아니라, 현실적 고통에 대한 집단적 저항이며, 식민지 구조에 맞선 조직된 민족운동이다. 노동자, 농민, 청년, 여성 등 다양한 계층이 참여했고, 이는 전남 지역을 항일 민중운동의 본거지로 자리매김하게 했다.

5. 남도의 교육·종교 항일운동

남도의 교육·종교 민족운동은 일제 식민지 지배에 맞서 민족의식을 고취하고 독립정신을 계승하려는 비폭력 저항운동으로 전개되었다. 무장투쟁이나 대중 시위와 달리 문화적·정신적 기반을 형성하고 항일운동의 지속성과 조직성을 뒷받침한 중요한 축이었다.

1) 전라남도의 교육 민족운동

(1) 일제의 식민 교육 정책

1911년 조선교육령 제정으로 일본어 중심의 황국신민화 교육을 강요했다. 한국사와 민족문화를 말살하고 조선어 사용을 통제했다.

(2) 민족계 사립학교 설립과 운영

전남 지역에서는 민족정신을 지키기 위해 사립학교, 서당, 야학, 강습소 등을 중심으로 교육운동이 활발하게 이루어졌다.

(3) 대표적인 사립학교 및 활동

지역	학교	활동 내용
나주	금성학교	3·1운동 및 학생독립운동 참여, 민족계 교육 실시
목포	목포영흥학교 정명학교	기독교 중심, 항일계몽교육 실시
보성	보성학교	농촌계몽, 항일학생운동 중심
해남	해남보통학교	지역 학생계몽과 항일교육
여수	여수수산학교	지역 학생계몽과 항일교육

(4) 주요 활동

교육 민족운동은 국어(조선어), 역사 등 민족문화 중심 수업을 했다. 학생 결사, 비밀 독서회, 격문 제작 등 항일 독립정신을 고취하는 교육을 했다. 깨어있는 교사와 학생이 함께 항일시위에 적극 참여했다.

2) 전라남도의 종교 민족운동

(1) 종교의 역할

종교는 민중에게 도덕적 권위와 사회 조직의 기반을 제공했다.

일제의 탄압에 맞서 신앙을 통해 민족 자각과 독립정신을 고취하고 민중계몽에 기여했다.

(2) 주요 종교별 항일활동

① 기독교

선교사를 통해 들어온 기독교는 교육과 의료, 자선 활동을 통해 민중

을 교화했고, 목포, 광주, 나주, 순천 등지에 기독교 학교와 교회 중심의
민족운동을 전개했다.

② 천도교

동학을 계승한 종교로, 민중 중심 민족종교의 역할을 했다. 3·1운동
을 주도한 종교로, 전남에서도 활발한 포교 및 항일운동을 했다. 특히
나철(보성 출신) 등은 천도교 지도자로 3·1운동과 조직 운동을 주도했다.

③ 불교

불교계는 일부 사찰을 중심으로 민족교육 및 독립정신을 전파했다.
전남 지역에서는 선암사(순천), 대흥사(해남) 등에서 민족운동을 적극
적으로 수행했다.

(3) 전개 방식과 성격

- 교육운동: 민족교육, 사립학교 운영, 서당과 야학 통한 문해교육
및 민족의식을 고취했다.
- 종교운동: 교회, 포덕소, 사찰 중심의 공동체 조직, 항일계몽, 격문
배포, 자금지원 등의 활동을 전개했다.
- 비폭력·문화운동: 무장투쟁이 어려운 시기에 정신적 항일운동으
로 지속성을 확보했다.

3) 역사적 의의

항일운동의 정신적·조직적 기반을 제공했고, 청년·학생 독립운동의
배경, 3·1운동과 광주학생운동의 토대를 마련하는 데 영향을 주었다.
일제의 사상 통제에 맞선 자주적 민족문화의 수호자 역할을 했고,

해방 이후에도 지역사회 지식인, 교육자, 종교인으로서 민족운동의 주축이 되었다.

남도의 교육·종교 민족운동은 일제의 동화정책과 민족말살정책에 맞서 자주적 교육과 민족정신을 지키기 위한 비폭력 항일운동이다. 이는 의병과 독립군의 무장투쟁, 대중 시위와 병행하여 전남 지역을 지속적이고 깊이 있는 항일의 거점으로 만들어 준 핵심적 요소였다.

6. 남도의 해외 망명 및 무장투쟁

남도의 해외 망명 및 무장투쟁은 한말 의병운동과 3·1운동 이후, 독립을 향한 국내 항일운동의 탄압이 심해지자 국외로 망명한 전남 출신 독립운동가들이 만주, 연해주, 중국, 미국 등지에서 무장투쟁 및 외교 활동을 전개한 항일 독립운동이다. 이들은 해외에서 독립군을 조직하고 임시정부와 연계하여 조직적이고 국제적인 투쟁을 이끈 주역이다.

1) 해외 망명 배경

한말 의병운동 실패, 대한제국 멸망(1910) 이후 일제의 강경한 탄압으로 국내 항일운동이 쉽지 않았다. 3·1운동 이후 국내 민족운동가들의 해외 망명이 급증했다. 남도 출신 인사들도 만주, 상하이, 연해주, 미주 등으로 활동 무대를 옮겨 활동하는 사례가 많다.

2) 전라남도 출신 인사들의 해외 망명지별 활동

① 만주 지역

만주는 독립군 조직과 무장투쟁의 중심지로, 전남 출신 의병계열 인사들이 만주로 건너가 독립군 부대에 참여하거나 조직하는 등 항일운동에 적극 참여했다.

- 주요 활동

대한독립군, 북로군정서, 서로군정서, 광복군 등 무장부대에 편입했고, 봉오동 전투, 청산리 전투 등에 참가하여 승리하는 데 기여했다.

- 대표 인물

나철(보성)은 대종교를 창설하여 만주의 항일운동을 주도했다.

② 상하이 및 중국 본토

상하이는 대한민국 임시정부 활동 중심지로, 전남 출신 인사들이 임시정부에 참여하거나 정보원, 연락원, 외교활동을 했다.

- 대표 인물

함평 출신 일강 김철은 대한민국임시정부에서 활동했고, 나주 출신 나월환은 한국광복군과 독립군과 연계하여 한국광복군전작지구대에서 활동했다. 순천 출신 성동준은 한국광복군에서 활동했다.

③ 연해주와 시베리아 지역

연해주는 고려인 공동체를 기반으로 가장 활발하게 항일운동이 전개된 곳이다. 전남 출신 인사들이 대한독립단, 자유시 참변 이후 재조직된 독립군과 연계하여 활동했다.

④ 미국 및 하와이 등 미주 지역

대한인국민회, 흥사단 등 재외동포 단체 활동과 자금지원, 독립운동 홍보, 유학생 조직 결성 등을 수행했다.

3) 무장투쟁 활동

(1) 독립군 부대 편성 및 전투 참여

만주에서 무장 독립군을 창설하여 항일 교전을 했는데, 청산리·봉오동 전투 등에서 활동한 지휘관이나 연락책 중 전남 출신들이 큰 역할을 했다.

(2) 의열단 등 항일 비밀결사 참여

폭탄 투척, 친일기관 파괴, 친일 인사 응징 등 강력한 직접적인 행동에도 전남 출신 독립운동가들이 단원으로 활동했다.

(3) 대한민국 임시정부 지원

임정의 군자금 모집, 외교 연설, 조직 활동 등 광복군 창설 이후 전남 출신 청년들이 적극 참여했다.

4) 역사적 의의

전남 출신 독립운동가들은 해외에서도 끊임없는 독립 투쟁을 전개했다. 무장투쟁, 외교활동, 애국계몽운동 등 다양한 방식으로 항일전선에 참여했다.

국내 민족운동과 국외 무장투쟁의 연결 고리 역할을 했고, 이들의 활동은 광복 이후 대한민국 건국과 통일 조국 건설 운동에 영향을 미쳤다.

남도인의 해외 망명 및 무장투쟁은 국내 항일운동의 한계를 극복하고, 국외에서 조직적인 항일 무력투쟁과 외교적 독립운동으로 전환된 중요한 흐름이 되었다. 이들은 임시정부, 독립군, 의열단, 사회주의 계열 운동 등 다양한 영역에서 활동하며 대한 독립운동의 국제적 기반을 마련하는 데 기여했다.

7. 남도 항일독립운동의 의미와 가치 계승

남도의 항일독립운동은 지역의 역사적·문화적 특성과 민족정신이 결합된 항일 저항의 대표 사례로, 우리 민족의 자주성과 공동체 정신을 보여주는 중요한 역사적 유산이다.

1) 전민족적 항일투쟁의 전개지로서의 역사적 의미

남도는 의병운동 → 3·1운동 → 학생운동 → 농민운동 → 무장투쟁에 이르기까지 항일운동이 단절 없이 지속된 지역이다. 지식인, 학생, 농민, 종교인 등 다양한 계층이 참여한 전민족적 저항운동의 현장으로서의 의미가 크고 높다.

2) 유림과 민중이 함께한 항일의 연대정신

유학 전통을 이어받은 유림 중심의 의병운동에서 학생·농민·청년·여성·종교계 민중이 주도한 대중운동에 이르기까지, 전라남도 항일운동은 계급·신분을 초월한 연대의 실현이라는 역사적 가치를 지닌다.

3) 민족교육과 정신적 기반 형성

일제의 식민 교육에 맞서 사립학교, 서당, 종교기관을 통한 민족교육이 활발히 이루어졌다. 이는 독립운동 인재 양성과 지역 민족의식 고양에 크게 기여했다.

4) 비폭력과 무장투쟁이 공존한 다층적 저항

비폭력적인 3·1운동, 학생운동, 교육·종교 운동뿐 아니라 의병 활동, 해외 망명 후 무장투쟁 등 다양한 저항 방식이 공존하며 항일운동을 풍부하게 했다. 이는 전남 항일운동이 단순한 반일 감정 표출이 아니라 체계적·계속적 민족운동이었음을 의미한다.

5) 광복 이후 민주화와 시민의식의 밑거름

남도의 항일정신은 해방 후에도 민족자주·민주주의·정의에 대한 신념으로 계승되었다. 훗날 4·19혁명, 5·18광주민주화운동으로도 이어지는 정신적 뿌리로 계승되고 있다.

6) 지역 정체성과 민족사 속 위상 확립

남도는 대한민국 독립운동사 속 중요한 거점 지역이며, 그 항일운동은 지역의 자긍심이자 민족사의 빛나는 장면으로 평가된다. 현재까지 독립운동사 연구, 기념사업, 교육 콘텐츠 개발 등에도 활용되고 있다.

남도 항일독립운동은 지역 차원의 저항이 아닌, 한국 독립운동사 전반에서 중요한 기반과 전환점을 만든 결정적 흐름이자, 오늘날에도 자주·정의·공동체 정신을 되새기게 하는 소중한 민족유산이다.

참고문헌

자료

『광주·전남 독립운동사적지』 I(독립기념관 한국독립운동사연구소, 2010)

『국내 3·1운동 II-남부』(김진호·박이준·박철규, 독립기념관 한국독립운동사연구소, 2009)

『독립운동사』 9-학생독립운동사(독립운동사편찬위원회, 1977)

광주학생독립운동동지회 편, 『광주학생독립운동사』(광주: 국제문화사, 1974)

(사)광주학생독립운동기념사업회, 『광주학생독립운동 약사』(광주: 2009)

국사편찬위원회, 『삼일운동 데이터베이스로 보는 1919, 그날의 기록』 1(종합편), 2019.

『독립운동사자료집』 5(독립운동사편찬위원회, 1971)

「박애순 등 75명 판결문」(광주지방법원, 1919)

「황상호 등 3명 판결문」(광주지방법원, 1919)

「김복현 등 22명 판결문」(광주지방법원, 1919)

「판결문」, 광주지방법원.

「판결문」, 대구복심법원.

『동아일보』

『매일신보』

저서

고석규 외, 『광주학생독립운동기념사업회 편, 『광주학생독립운동 90년사』(광주학생독립운동기념회관, 2019)

김남철, 『남도 한말의병의 기억을 걷다』(살림터, 2023)

김상기, 『한국의 독립운동가』(충남대학교출판문화원, 2016)

김성민, 『광주학생운동』(역사공간, 2013)

김태웅, 『대한제국과 3·1운동』(휴머니스트, 2022)

박찬승 외, 『3·1운동의 역사적 의의와 지역적 전개』(경인문화사, 2019)

박해현 외,『독립운동가, 교사가 되다』(전라남도교육청, 2022)

박해현,『야정 강석봉 평전』(다큐디자인, 2022)

박해현,『의사 김범수 연구』(선인, 2020)

박해현,『판결문으로 본 광주전남지역 3·1운동』(한국학호남진흥원, 2021)

박 환,『3·1운동 현장과 혁명의 기억과 공간』(민속원, 2019)

변은진,『일제하 항일비밀결사운동 연구』(선인, 2018)

순천시사편찬위원회,『순천시사 1』(순천시청, 2024)

안종철,『민주장정 100년, 광주 전남지역사회운동사』(2016)

윤선자 외,『나주독립운동사』(나주시, 2015)

임경석,『독립운동열전』 2(푸른역사, 2022)

전라남도교육청,『중학생이 보는 학생독립운동』(2019)

전라남도교육청,『고등학생이 보는 학생독립운동』(2019)

정병호,『완도군항일운동사』(완도군항일운동기념사업회, 2000)

지수걸,『일제하 농민조합운동연구』(역사비평사, 1993)

최성원,『광주학생독립운동의 주역들』(고려원, 2001)

한규무,『광주학생운동』(한국독립운동사연구소, 2009)

황광우,『나는 왜 이제야 아는가』(심미안, 2020)

황광우,『이름없는 별들』(심미안, 2021)

한국사연구회,『3·1민족해방운동연구』(청년사, 1989)

한국역사연구회,『한국근현대청년운동사』(풀빛, 1995)

한국역사연구회·전남사학회,『광주학생운동연구』(아세아문화사, 2000)

논문

김기주,「3·1독립운동에서 호남인의 참여도 검토」,『역사학연구』(2009)

김종수,「호남지역의 3·1운동」,『군사연구』(2015)

김정화,「1920년대 중반 이후 학생운동연구」,『한국독립운동사연구』 13 (1999)

박찬승,「일제하 고금도의 항일민족운동」,『국립목포대학교 도서문화연구원』(1995)

박찬승,「일제하 소안도의 항일민족운동」,『국립목포대학교 도서문화연구원』(1993)

박찬승,「일제하 조약도의 항일민족운동」,『국립목포대학교 도서문화연구원』(1994)

박찬승,「1920·30년대 강진의 민족운동과 사회운동」,『역사문화학회』(2011)

조규태, 「전남지역 천도교인의 3·1운동」, 『한국동학학회』(2004)

윤선자, 「광주학생운동 이후 학생운동의 변화」, 『한국독립운동사연구』 35(2004)

이재근, 「목포지역 3·1운동과 개신교」, 『한국기독교역사연구소』(2019)

이기훈, 「일제하 강진 지역의 민족운동의 전개와 의의」, 『다산과 현대』(2017)

최성환, 「1919년 목포 4·8독립만세운동의 전개과정과 주요 인물」(『한국학연구』
　　　69(고려대학교 한국학연구소. 2019)

최재성, 「남해안 지역의 3·1운동」, 『한국보훈논총』 제18권 제3호(2019)

한규무, 「광주·전남 기독교인들의 3·1운동 참여와 동향」, 한국기독교역사연구소
　　　(2000)

인터넷 자료

광복회: https://www.gwangbok.kr/main/main.php

광주학생독립운동기념관: https://gsim.gen.go.kr:446/main/main.php

공훈전자사료관: https://e-gonghun.mpva.go.kr/user/index.do

국사편찬위원회: https://www.history.go.kr/

나주학생독립운동기념관: http://www.najusim.or.kr/

독립기념관: https://i815.or.kr/

한국민족문화대백과사전: https://encykorea.aks.ac.kr/

항일의병공원: https://koreaub.cs.go.kr/

남도 항일독립운동 서훈자 명단

남도 항일독립운동 서훈자 1,325명의 명단을 소개합니다
(아래 QR코드를 이용).
지역별 서훈자의 인적사항을 비롯하여 의병계열(국내항일,
의병, 명단 3·1운동, 만주/일본/미국 등 활동지역, 광복군, 학생운동,
임시정부, 의열투쟁 등), 포상 연도와 훈격(대분류·소분류) 등을
파악할 수 있습니다.

삶의 행복을 꿈꾸는 교육은
어디에서 오는가?

● **교육혁명을 앞당기는 배움책 이야기** 혁신교육의 철학과 잉걸진 미래를 만나다!

미래 100년을 향한 새로운 교육

● **비고츠키 선집 시리즈** 발달과 협력의 교육학 어떻게 읽을 것인가?

● **경쟁과 차별을 넘어 평등과 협력으로 미래를 열어가는 교육 대전환!** 혁신교육 현장 필독서

참된 삶과 교육에 관한 생각 줍기

참된 삶과 교육에 관한
생각 줍기